安全世界基金会

新的太空参与者手册

Handbook for New Actors in Space

[美] 克里斯托弗·D. 约翰逊　编辑

李　潭　张　强　孔　鹏　翻译

王冀莲　关　晖　审校

中国宇航出版社

·北京·

ISBN: 978 - 0 - 692 - 45413 - 8
Published in the United States of America by Integrity Print Group, Denver, Colorado.

著作权合同登记号：图字：01－2020－3881 号

图书在版编目（CIP）数据

新的太空参与者手册 /（美）克里斯托弗·D.约翰逊编；李潭，张强，孔鹏译. -- 北京：中国宇航出版社，2021.7

书名原文：Handbook for New Actors in Space
ISBN 978 - 7 - 5159 - 1814 - 3

Ⅰ.①新… Ⅱ.①克… ②李… ③张… ④孔… Ⅲ.①空间法－手册 Ⅳ.①D999.1 - 62

中国版本图书馆 CIP 数据核字(2020)第 130875 号

责任编辑 舒承东　　**封面设计** 宇星文化

出版发行 中国宇航出版社

社　址 北京市阜成路 8 号　　**邮　编** 100830
(010)60286808　　(010)68768548
网　址 www.caphbook.com
经　销 新华书店
发行部 (010)60286888　　(010)68371900
(010)60286887　　(010)60286804(传真)
零售店 读者服务部
(010)68371105
承　印 天津画中画印刷有限公司
版　次 2021 年 7 月第 1 版　　2021 年 7 月第 1 次印刷
规　格 880×1230　　**开　本** 1/32
印　张 4.75　　**字　数** 137 千字
书　号 ISBN 978 - 7 - 5159 - 1814 - 3
定　价 68.00 元

本书如有印装质量问题，可与发行部联系调换

中文版序

人类进入太空时代已经60多年，但挣脱地球引力的束缚，进一步探索太空仍然是我们的前进目标之一。当前，人类的太空活动正在发生革命性的变化，新的太空参与者与日俱增，其中主要有三个方面的因素。其一，在供给侧，航天技术的商品化进程逐渐加快，加上新技术的推动作用，使得成本不断下降、基础设施投入不断减少、技术壁垒不断降低，更多的人因此可以进行太空活动。其二，在需求侧，移动互联网、5G、物联网、导航定位、空间地理信息等技术的发展催生了广泛的生产需求和消费需求，人们正在寻求从空间系统获得更多的安全和社会经济效益，更多的人开始有了进行太空活动的需求。其三，在监管方面，关于太空活动的法律和监管框架正在悄然发生变化，这些变化在规范、约束太空活动的同时，更多地是朝着有利于新的参与者进入太空的方向发展的。

进入21世纪后，以SpaceX的崛起为标志，伴随着商业航天的兴起，非政府实体已经成为了新的太空参与者主体。2015年，中国的商业航天开始起步，在创新驱动、航天强国建设等战略的引领下，依靠资本市场这个助推器，初创企业迅速成长，目前国内商业航天企业数量超过160家，呈现出蓬勃发展的局面。然而，太空活动的基本原理并没有变化，进入太空仍然是一项高投资、高风险的系统工程。即使是现在，尽管门槛有所降低，进行太空活动仍然需要面对一个涉及技术、资金、管理、政策、法律甚至政治等多个维度的复杂环境。这些新的太空参与者面临着一条陡峭的学习曲线（引自原著简介），在不断探索的过程中迫切需要相应的理论和实践指导，这也是本书翻译的初衷。希望通过对安全世界基金会（SWF）出版的《新的太空参与者手册》一书的翻译，从国际法律框架、国家空间政策和法规，到太空活动的运营，全面介绍参与太空活动的基本原则和主题，从而为空间政策的制定者、航天部门的管理者、新兴公司的创业者，以及具体空间业务的运营者提供有价值的参考。

中国航天科技集团有限公司是中国航天事业的主力军，对于商业航天的发展，亦负有重大责任。李潭、张强、孔鹏等几位专家，在繁重的型号任务之余，倾力翻译了这本《新的太空参与者手册》，可以说做了一项具有开创性的基础工作，这对于扎实推动我国商业航天的可持续发展具有比较深远的影响。

中国航天科技集团有限公司宇航部部长　尚志

2020 年 6 月

译者的话

太空，作为人类涉足的一个新领域，毫无疑问仍处于不断迎来新的参与者的时期。特别是新世纪进入第二个十年后，正如安全世界基金会执行董事迈克尔·K·辛普森博士所说的，“在航天技术商品化和参与壁垒降低的推动下，太空参与者的数量持续增长”。所有太空参与者都开始认真探讨，我们应当以什么态度迎接新来者，我们又应当以什么姿态参与新领域。这对于维护人类对太空的公平、和平、可持续利用具有极其重要的意义。在国际上，这种讨论已经持续了一段时间，安全世界基金会组织多位专家合力完成了这本《新的太空参与者手册》（Handbook for New Actors in Space），尝试为新参与者提供一个关于和平、安全和负责任的太空活动的基本原则以及相关法规和最佳实践的概览。

我们满怀新时代的责任感和构建人类命运共同体的历史使命感翻译了这本书，期望能向中国的太空参与者们提供一个在新时代参与太空活动的国际视角，促进中国航天产业以更加积极、有效的方式踏上人类共同开发利用太空的新征程。

本书的翻译由多名工作在一线的航天工作者完成，翻译者包括李潭、张强、孔鹏、郭倩蕊、徐浩、左博，王冀莲、关晖做了全文审校。本书在翻译过程中力求准确表达原著的本意，其内容并不代表译者完全认同其观点。

感谢杜辉在与作者方的沟通中给予的帮助，感谢航天科技集团相关领导一如既往的支持。

由于译者水平有限，书中难免会有疏漏之处，请读者批评指正。

译　者

2020年6月12日于北京航天城

关于安全世界基金会

安全世界基金会的愿景是安全、可持续与和平利用外层空间，促进全球稳定。我们将与政府、产业界、国际组织和民间社会团体合作，发展并促进国际合作的思想与行动，实现外层空间的安全、可持续与和平利用。

Cynda Collins Arsenault，创始人

Michael K. Simpson，博士，执行董事

Lisa Croy，运营总监

Victoria Samson，华盛顿办公室主任

Ian Christensen，项目经理

Christopher D. Johnson，空间法顾问

Nicole Nir，计划和交流协调员

Brian Weeden，博士，技术顾问

Krystal Wilson，项目经理

Joshua Wolny，特区行政助理

咨询委员会

Ciro Arévalo Yepes 大使

Richard DalBello

Peter Marquez

Tanja Masson - Zwaan

Mazlan Othman，博士

Xavier Pasco，博士

Rajeswari Rajagopalan，博士

Jay Santee 少将（退役）

致 谢

安全世界基金会在许多来自政府、空间机构、私营企业和学术界的专家协助下起草了这本手册。手册反映了安全世界基金会而不是这些专家的立场和观点，所有的错误或疏漏均由我们负责，同时我们对以下个人的观点和意见深表感谢。

第一次研讨会的参与者

P. J. Blount，Dennis Burnett，Matt Duncan，Andrew D'Uva，Stephen Earle，Michael Gleason，Henry Hertzfeld，Karl Kensinger，Rich Leshner，Peter Marquez，Steve Mirmina，Clay Mowry，Mark Mulholland，Myland Pride，Ben Reed，Franceska Schroeder，Glenn Tallia，Gary Thatcher，and Jessica Young.

第二次研讨会的参与者

Kahina Aoudia，Paul Frakes，Talal Al Kaissi，Jonathan Garon，Rich Leshner，Mike Lindsay，Philippe Moreels，Nobu Okada，Kevin Pomfret，Rajeswari Rajagopalan and Kazuto Suzuki.

外部专家

Laura Delgado López，Matt Duncan，Andrea Harrington，T. S. Kelso，Tanja Masson-Zwaan，T. J. Mathieson，Gerald Oberst，Mazlan Othman，Greg Wyler，and Satellite Associates.

迈克尔·K. 辛普森

博士

安全世界基金会执行董事

前 言

在美国和苏联之间紧张的冷战关系的推动下，太空竞赛几乎开始于60年前。每一种力量都竞相在太空中完成新的壮举，展示其优越性。到了2017年，世界仍有很多东西保持不变，但也改变了很多。太空参与者包括各种各样的国家和非政府实体，涉及不同的原因、目标和活动。目前超过70个国家（地区）、商业公司和国际组织在地球轨道上运行着超过1 500颗卫星。在航天技术商品化和参与壁垒降低的推动下，太空参与者的数量持续增长。

这种太空俱乐部的扩张既有好处也有弊端。从积极的一面看，它导致了技术创新的大幅增加、成本的降低，以及更多地获得卫星提供的有益能力和服务。然而，太空活动的加速增长和新参与者的涌入，有可能加剧当前对太空长期可持续利用的威胁。这些威胁包括轨道拥挤、无线电频率干扰，以及太空事件引发和加剧地球上地缘政治紧张局势的风险。

太空中越来越多的新参与者会破坏太空环境、制造国家之间新的紧张关系吗？太空的和平扩张能够允许创新和工业蓬勃发展吗？当新参与者加入这个俱乐部时，他们应该考虑以下问题：

管理其空间活动的国际和国家的法律框架是什么样的？

哪些政府部门将对其进行监管？
他们在太空有什么权利和责任？
他们的太空活动面临哪些潜在的风险？
政府如何监督私营部门的太空活动？
国家太空政策的目的和价值是什么？
协调不同机构和实体之间的国家空间活动有什么机制？
所有者和运营商在他们选择的轨道上的标准操作程序是什么？

安全世界基金会很自豪地呈献这本《新的太空参与者手册》，它主要关注两类新参与者：开始制定国家空间政策和法规的各国政府，以及开始首次涉足太空活动的创业公司、大学和其他所有的非政府实体。

本手册的目的是为新参与者提供一个关于和平、安全和负责任的太空活动的基本原则、法律、规范和最佳实践的概览。只有务实与合作的方式才能确保所有国家和人民都能从太空活动中获得诸多的好处。

如何使用本手册

本手册分为三章。这三章的内容相互补充，涵盖了新参与者所关注的整个范围，但是某些章节将引起读者更大的兴趣，这取决于他们自己预期的空间活动及其在该活动中扮演的角色。

第一章论述了空间活动的国际法律和政治秩序，并介绍了国际空间法中最重要、最相关的议题，以及它们如何适用于各国。

第二章讨论了国家空间政策和国家法规在空间上的应用，从发展空间政策的理论基础出发，探讨了如何在国际范围内广播目标，并在国内给予指导。本章还包括国家空间立法的共同方面的讨论。由于各国政府直接负责他们国家的空间活动，包括公司、大学等非政府实体的空间活动，因此，国家空间政策和法规对于政府和个人的空间项目都是非常重要的。理解第二章亦将有助于各国政府创建他们的空间能力或者起草他们的空间政策。

第三章主要涉及空间活动运营，阐述了从发射前的频率选择与协调，到有效载荷评审、发射服务提供商与运营商之间的发射服务协议，以及任务期间与任务后的关注事项的全过程。第三章比前两章更加偏重技术性，它探讨了空间活动的运营，一旦新的空间运营商熟悉了前面关于国际和国家空间法律和政策的章节，那么这一章就可能成为他们最常查阅的部分。

最后，虽在本书中讨论的任何一个主题的教科书都有数百页之厚，但本书还是力求既简洁又可读，它不是一本关于这个令人难以置信的丰富领域的每个方面和细微之处的详尽汇编，而是只包含最基本原则和主题的广泛而全面的概览。

目　录

坦娅·马森-泽万

国际空间法学会名誉主席

引 言

太空在改变。进入太空的障碍正在减少。成本的降低、基础设施投入的减少、技术壁垒的降低，这些使得更多的人可以进行空间活动。同时，需要较少必要人员投入的较小规模的太空项目使得更多的国家和实体参与到太空项目中。然而，无论太空项目规模的大小，现有的国际法律和监管框架仍然支撑和掌控着空间活动。这个在不同的地缘政治背景下创建的体制已经几十年了。有些人认为它要么限制太多，要么要求不够明确，不适合下半个世纪的太空活动。

毫无疑问，法律秩序将在未来几年和几十年内发生变化，并且有希望以允许空间活动增长和发展的方式发生变化。就目前而言，了解现有的国际框架——包含一般国际法、专门适用于空间活动的条约，以及联合国和诸如国际标准化组织的专业组织的各种决议——对于理解任何太空项目如何运行都是至关重要的。所有新的太空参与者，无论是扩大其空间能力的主权国家，谋求太空商业利益的新的私营企业，还是学术和研究机构，都应了解本章所考察的国际框架。

第一章　空间活动的国际框架*

第一章的重点是国际法律和监管框架，首先是《外层空间条约》(Outer Space Treaty，OST) 及其后的各项空间条约（这些条约对前者进行了扩展和阐释）规定的权利和义务，特别是各项条约在国家责任和空间物体登记方面确定的义务。然后讨论了国际频率管理，以及遥感、广播标准和国际出口管制措施，紧接着讨论了国家责任与各种争端的解决途径。

随后，本章探讨了各种国际环境问题，包括地球环境保护、太空任务的返回污染、空间核动力源、空间碎片以及天体保护。本章的结束部分对更具前沿性的问题进行了探讨，包括外层空间始于何处的法律定义的缺乏，人类在太空的法律地位及保护，以及空间资源的利用等悬而未决的问题。

这个规范空间活动的国际框架应该被准备开展或扩大其空间能力的新的国家参与者所研究和掌握，包括新的非国家参与者，都应将其作为一项常规的尽职调查，以便更好地了解许可和监管的程序。

（一）自由和责任

空间活动国际框架的核心是三个核心原则：自由探索和利用空间、和平目的和国家责任。这些原则，包含于五项核心条约，构成了国际空间法基础，并反映在组成空间活动国际框架的许多其他法律和政治机制中。以下各节分别概述了这些原则。

---

* 根据中国的语言习惯，本书“空间”“太空”“航天”为英文单词 space 的不同译法。——译者注

1. 自由探索和利用空间

外层空间是可以自由探索的，任何一个国家和政府都不能限制另一个国家以和平目的合法地进入空间。这种自由被载入了最重要的空间法渊源《关于各国探索和利用包括月球和其他天体的外层空间活动的原则条约》，这一条约通常称为《外层空间条约》。

图 1　签署《外层空间条约》。苏联大使纳托利 · F. 多勃雷宁、英国大使帕特里克 · 迪安、美国大使阿瑟宁 · J. 戈登博格、美国总统林登 · B. 约翰逊和美国国务卿迪安 · 鲁斯克于 1967 年 1 月 27 日在华盛顿签署《外层空间条约》（联合国外空事务办公室提供）

像所有的条约一样，《外层空间条约》平衡了权利和义务。利用和探索空间的自由与条约中列出的义务相平衡。这些义务可以是要求一国采取某些行动的积极义务，或者是禁止行动的消极义务。《外层空间条约》第一条列出了这些非常重要的自由，并解释如下：

所有国家可在平等、不受任何歧视的基础上，根据国际法自由探索和利用外层空间（包括月球和其他天体），自由进入天体的一切区域。

这种自由的进入意味着太空中的新参与者与既有的太空参与者有着同样的权利，以和平的目的探索和利用太空。第一条的第一款还直接指出，探索和利用外层空间的活动是“全人类的共同的事情”。

《外层空间条约》接着要求，“在这方面，对包括月球和其他天体在内的外层空间的科学研究应享有自由，各国应促进和鼓励这种研究的国际合作。”实际上，《外层空间条约》的本质是鼓励国际合作和科学研究，以此促进世界各国之间的和平与稳定。

与大多数国际条约一样，《外层空间条约》的序言不包含确立权利、义务或禁止的具有法律效力的语言。相反，它包含了条约的目的和宗旨、涉及的主题、条约起草的原因，以及该条约打算确立的内容。《外层空间条约》序言部分通过明确各国决定订立该条约之原因，解释了订立该条约的动机和愿望。这些原因是：

（1）确认为和平目的发展探索和利用外层空间，是全人类的共同利益；

（2）深信探索和利用外层空间应为所有民族谋福利，不论其经济或科学发展程度如何；

（3）希望在和平探索和利用外层空间的科学和法律方面，促进广泛的国际合作；

（4）深信这种合作将使各国和各民族增进相互了解，加强友好关系。

这些在《外层空间条约》序言中体现的信念反映了起草者制定这个新的国际法律文件的意图。所有的国际空间法都应该被解读为：它们是《外层空间条约》背后的意图和愿望。对空间法（无论该法是国际法还是国内法）的任何解释都不应该规避、颠覆或挫败上述动机和目的。事实上，对《外层空间条约》任何条款的任何有效解释都必须反映、符合和服务于这些目的。在考虑进入空间、探索空间、参与任何其他活动或利用空间的自由时，应始终铭记序言（构成该条约不可分割的一部分）所载的这些愿望。

此外，应该注意的是，“探索”和“利用”是在《外层空间条约》的标题中列出的。利用外层空间，包括月球和其他天体的利用，是经起草人和条约谈判者深思熟虑后确定的，是第一条所规定的进入、探索和利用自由的一部分。需要铭记的是，探索外层空间的自由是所有国家和各国人民所拥有的，任何国家都不得阻止或限制任何新进入者开展和平空间活动。

虽然许多条约可能涉及空间活动，但有五个专门处理空间活动的核心条约，如表 1 所示。

表 1　核心空间条约

条约	联合国大会通过时间	生效时间	截至 2017 年 1 月的缔约国数量
关于各国探索和利用包括月球和其他天体的外层空间活动的原则条约(《外层空间条约》)	1966	1967	104
关于营救航天员、送回航天员和归还射入外层空间的物体的协定(《营救协定》)	1967	1968	94
空间物体所造成损害的国际责任公约(《责任公约》)	1971	1972	92
关于登记射入外层空间物体的公约(《登记公约》)	1974	1976	63
关于各国在月球和其他天体上活动的协定(《月球协定》)	1979	1984	17

2. 核心条约

核心空间条约的谈判和起草由联合国（UN）和平利用外层空间委员会（COPUOS，简称外空委）负责，COPUOS 是联合国的一个常设机构，自太空时代开启以来一直负责审议空间活动的政治、法律和科学事务。表 1 中，条约的标题说明了它们的基本主题，它们在很大程度上阐述并完善了作为基础的《外层空间条约》的规定。1968 年的《航天员营救和送回协定》细化并扩大了对航天员的保护，而 1972 年的《责任公约》同样扩大了对太空物体发射和运行所造成损害的赔偿责任的规定。《责任公约》确立了有关在地球表面所遭受的、或者飞行中的航空器所遭受的物理损害的绝对责任，并建立了有关在外空的空间物体所受损害的过错责任制度。1975 年《登记公约》对空间物体的国际登记和建立国家登记册进行了强制性规定。

图 2 显示了核心条约的缔约国数量的增长，以及这些条约彼此之间的相对成功程度。这些条约都是 20 世纪 60 年代中期至 20 世纪 70 年代末起草的，这个联合国制定广泛条约的时代现在已经结束，随后几十年，联合国采用大会决议的方式，表明了有关后续一些空间议题的各项原则。

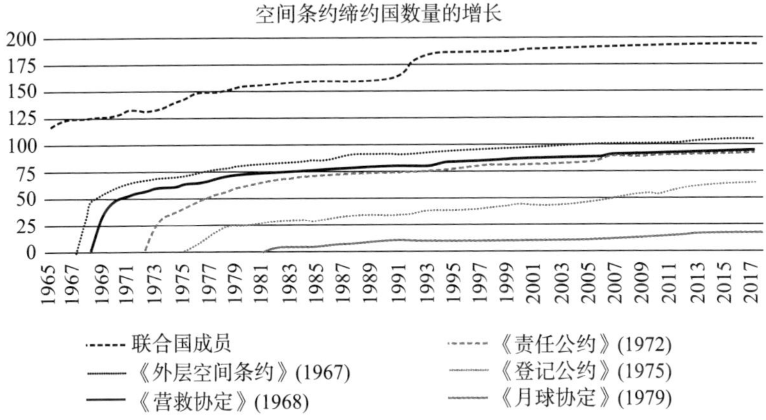

图 2　核心条约的缔约国数量的增长（SWF 提供）

《外层空间条约》的第三条将空间法纳入了更大的国际法体系。因此，包括《联合国宪章》在内的国际公法的其他来源对外层空间法产生了影响。各国实践以及一般法律原则也是有效的和往往可适用的。例如，一般国际法的一个原则可以概括为“未明确禁止者即为允许”。这些明确的自由及其在更大范围的国际法中的背景所产生的后果，是在外层空间创造了范围广泛的国家自由，只有某些特定和明确的法律禁止。

对于那些寻求首次尝试进入太空的国家而言，签署和批准这些核心条约将给世界发出一个明确的信号，即理解和接受国际空间法的权利和义务，并成为他们以严肃认真的态度开始空间活动的基础。这表明他们打算做一个负责任、守法的太空参与者，他们已经加入了“太空国家俱乐部”。

3. 和平目的

《外层空间条约》第四条要求各国不得把核武器或其他大规模杀伤性武器置于地球轨道，或者安装或部署到其他天体上。它还进一步要求月球和其他天体只为和平目的使用。其次，它禁止在天体上建立军事基地、设施或防御工事，禁止在天体上进行武器试验和军事演习。此前的一项国际条约，即 1963 年的《禁止核试验条约》，也禁止各国在大气层以外，包括外层空间，试验核武器或执行核爆炸。

太空活动一直涉及军事和安全方面。作为冷战大国之间谈判达成的一项基本安全条约，《外层空间条约》表明了空间能力的两用性。自该条约生效，**关于和平目的的定义，历来有争论，主要有两种解释：一种认为和平目的在任何方面都是“非军事的”；另一种认为和平仅仅是“非侵略的”。**第二种解释逐渐获得了更广泛的接受。然而，上述各项禁止性规定依然有效。

由于国际法其他渊源也通过列入《外层空间条约》的第三条而适用于空间活动，因此，联合国成员国之间普遍禁止使用或威胁使用武力的原则适用于外层空间。《联合国宪章》第 2 条第 4 款规定：

> 各会员国在其国际关系上不得使用威胁或武力，或以与联合国宗旨不符之任何其他方法，侵害任何会员国或国家之领土完整或政治独立。

此外，《联合国宪章》第 39 至 51 条阐述了对和平的威胁和破坏、侵略行为和固有的自卫权。这种国家之间的国际公法的一般制度是空间法专门制度的基础，对太空军事冲突的禁止与限制与地球上相同。然而，像海上、空中和陆地领域一样，关于空间冲突，人们对国际法的具体应用缺乏共识。

4. 国家责任

在人们的日常事务中，政府一般不对其公民的行为负责。如果A国公民出国到B国，而B国有人想对他们提出索赔，通常不把A国的政府列为被告。在公民和外国政府之间的日常往来中，政府不为其公民负责。外层空间活动却并非如此，事实上，在处理外层空间的活动中，情况是相反的。

在《外层空间条约》第六条中，各国对其国家的所有空间活动负有直接责任，不论这种活动是由政府本身进行的或其任何公民或公司进行的，以及是否在国内发射，甚至可能包括其公民在国外进行的太空活动。各国政府在国际法中的直接责任是相对独特的。《外层空间条约》第六条如下：

> 各缔约国对其在外层空间（包括月球和其他天体）所从事的活动，要承担国际责任，并应负责保证本国活动的实施，符合本条约的规定。非政府团体在外层空间（包括月球和其他天体）的活动，应由有关的缔约国批准，并连续加以监督。

由于所有国家活动的直接责任和潜在的国际赔偿责任是相对独特的和广泛的，所以在考虑空间活动时应始终考虑这一责任。按照该条约开展活动的要求是对第一条的进入、探索和利用自由的限制性规定。当空间活动对地面、飞行中的飞机或太空中的空间物体造成了物理损坏，那么单纯的国际责任（International responsibility）将扩大到国际赔偿责任（International Liability），一个独立的但相关的问题将在本书第一章的“国际赔偿责任”小节中展开论述。

今天，许多太空活动本质上是国际性的，在任何多国合作的太空项目中，所有的国家都承担着这些责任。这种广泛的国际的国家责任是国家空间政策和空间立法的动因，这是本书第二章的主题。

（二）空间物体的登记

除了国家活动对应的国际责任，以及对其他国家造成损害的潜在国际赔偿责任之外，登记则是国家进行空间活动的一项义务。对空间物体进行国际和国家登记有助于追踪哪些国家负责哪些太空活动。

太空时代开启不久的1961年，联合国所通过的1721B（16）号联大决议中首次要求进行空间物体国际登记。该决议呼吁各国发射太空物体时及时向联合国的公共登记册提供发射信息。这个国际登记册旨在协助其他国家确定相关空间活动是由谁开展的。虽然这项决议的初衷是帮助防止太空碰撞，但今天这种向联合国发出自愿通知的行为被称为透明度和建立信任措施（TCBM），向其他各国通报发射活动也有助于表明一个国家对其活动持开放态度。

虽然联大1721 B（16）号决议没有法律约束力，也没有对国家规定强制性义务，但是发射空间物体的国际登记在1975年《登记公约》中是强制性的，至少对于那些该公约的缔约国是如此。截至2017年，《登记公约》共有63个缔约国，包括所有主要的和历史上曾存在的航天大国（尽管比《外层空间条约》缔约国数量少了不少）。

《登记公约》第三条和第四条要求联合国秘书长建立一个向所有人开放的空间物体登记册。第四条规定，任何发射国对于其发射的、在国家登记册登记的空间物体，应通过国际登记册向秘书长通报某些信息。这些信息是：

1）发射国的名称。

2）空间物体的适当标志或其登记号。

3）发射日期和地区（或发射地点）。

4）基本轨道参数，包括：

- 轨道周期；
- 倾角；
- 远地点；
- 近地点；

· 空间物体的一般功能。

其余的要求包括向联合国提供最新的补充信息，包括空间物体不再在轨的信息。作为秘书长的代表，联合国外空事务办公室（OOSA）负责这个由《登记公约》建立的国际登记册，以及根据联大 1721 B（16）号决议登记空间物体的登记册。对于非《登记公约》缔约国的国家，可根据联大 1721 B（16）号决议进行登记。

联合国外空事务办公室为这两个登记册做了一个标准表单，建议各国使用（见后页）。所需的登记信息不必过于详细。

1. 联大第 62/101 号决议

如下页所示的登记表也参考了 2007 年联大题为“关于加强各国和国际政府间组织登记空间物体的实践的建议”的第 62/101 号决议。决议表达了对各国提供关于空间物体的补充信息的愿望，其中包括更新情况，如功能、非功能状态的改变，轨道位置的变化（或移动至处置轨道），以及其所有人、运营商或空间物体本身状况的变化。联合国获得更新信息的能力是一个关键的进步，这对更先进或复杂的空间活动，如多个发射国进行的发射，以及未来的卫星服务或空间碎片清除都会产生影响。

2. 国家登记

《外层空间条约》第八条不涉及国际登记。相反，它讨论了国家登记，规定如下：

> 凡登记把实体射入外层空间的缔约国对留置于外层空间或天体的该实体及其所载人员，应仍保持管辖及控制权。射入外层空间的实体，包括降落于或建造于天体的实体，及其组成部分的所有权，不因实体等出现于外层空间或天体，或返回地球，而受影响。

在国家主权缺失的地域，本条的作用是提供国家主权的一个重要组成部分，即管辖权。一国对空间物体行使管辖权的权利取决于该国在国家登记册登记其发射的物体。每个国家可能都需要在其国内立法中巩固这一国际权利。

第一部分：《登记公约》或联大 1721B（16）号决议要求提供的信息

新登记空间物体	是□	勾选
之前登记空间物体的补充信息	根据公约提交：ST/SG/SER. E/□	以前向成员国分发登记数据的联合国文件编号
	根据 1721B 决议提交：A/AC. 105/INF. □	
发射国/多国/政府间国际组织		
注册国或政府间国际组织		根据《登记公约》，一个空间物体只能有一个登记国
其他发射国家		
标识符		
名称		
COSPAR 国际标识符		
国家标识/国家登记号		
发射日期和地区（或发射地点）		
发射日期（时、分钟、秒选填）	dd/mm/yyyy　□时□分 □秒	世界时（UTC）
发射地区（或地点）		
基本轨道参数		
轨道周期		分
倾角		（°）
远地点		km
近地点		km
基本功能		
空间物体的基本功能		
状态变化		
轨道衰减/再入/离轨日期（时、分钟、秒选填）	dd/mm/yyyy　□时□分 □秒	世界时（UTC）
信息来源		
联合国登记文件	http://www.unoosa.org/oosa/SORegister/docsstatidx.html	
COSPAR 国际标识符	http://nssdc.gsfc.nasa.gov/spacewarn/	

全球发射地点	http://www.unoosa.org/oosa/SORegister/resources.html
射入外层空间物体在线索引	http://www.unoosa.org/oosa/osoindex.html

第二部分：联大第 62/101 号决议建议的联合国射入外层空间物体登记使用的补充信息

运营者状态变化			
空间物体失效日期（时、分钟、秒选填）	dd/mm/yyyy	□时□分 □秒	世界时（UTC）
空间物体移动至处置轨道的日期	dd/mm/yyyy	□时□分 □秒	世界时（UTC）
移动至处置轨道的空间物体的物理状态（见COPUOS《空间碎片减缓准则》）			
基本轨道参数			
地球同步轨道位置（合适的，计划的/实际的）			经度
补充信息			
网址			

第三部分：联大第 62/101 号决议建议的关于空间物体变化监管的相关信息

空间物体变化监管			
空间物体变化监管日期（时、分钟、秒选填）	dd/mm/yyyy	□时□分 □秒	世界时（UTC）
新的所有者或运营者身份			
轨道位置变更			
以前的轨道位置			经度
新的轨道位置			经度
空间物体的功能变化			

第四部分：联合国射入外层空间物体登记的自愿补充信息

基本信息		
空间物体的所有者或运营者		
运载火箭		
空间物体绕行的天体（如果不是地球请明确）		
其他信息（国家登记册可能提供给联合国的信息）		
信息来源		
联大第62/101号决议	http://www.unoosa.org/oosa/SORegister/resources.html	
COPUOS《空间碎片减缓准则》	http://www.unoosa.org/oosa/SORegister/resources.html	
《登记公约》和相关决议文本	http://www.unoosa.org/oosa/SORegister/resources.html	

将通过国家登记册以域外方式行使管辖权的国家权利写入一项国际条约，使各国有动力建立国家登记册，并将其空间物体列入国家登记册。这样做有助于提高空间活动的透明度，只要国家登记册可以公开检索，其他人就能确定哪些空间物体属于哪个国家。此外第八条的最后一款还规定，各国保留其发射的空间物体及其组成部分在外层空间和返回地球时的所有权。成为《外层空间条约》及其后的各项条约缔约国的国家，应考虑建立和维护国家空间登记册。

目前，有超过30个国家拥有国家空间登记册，其中一些国家的国家登记册是线上可获取和可检索的（虽然这不是必需的要求）。虽然国际组织不能成为《登记公约》的缔约方，但是欧洲空间局（ESA）和欧洲气象卫星开发组织（EUMETSAT）也保有他们的空间物体登记册。作为对发射的空间物体行使管辖权的方法，国家登记册是国家监督和义务要求的重要组成部分。国家登记将在第二章进一步讨论。

3. 亚轨道发射

《登记公约》要求登记“射入地球轨道或更远”的物体，以前的联大决议同样要求登记“射入轨道或更远”的物体。然而，尚不存在对只发射至亚轨道运行的物体进行登记的国际要求或主张。**如何应对亚轨道空间活动是新参与者需要从登记的角度考虑的一个开放性问题，因为登记可能会影响亚轨道活动是否被视为“空间活动”。**

如果一国的亚轨道活动仅发生在其领空之上，与其他的国际方面或因素都没有关系，这些亚轨道活动似乎纯粹是单独一国的国家空间活动。如果发射高度比一些轨道更高，但是没有足够的速度，或者被置于一条抛物线轨道并返回地球，也不被视为“轨道”物体。到目前为止，许多国家尚未就国际空间法是否以及在何种程度上适用于亚轨道活动作出法律规定。

然而，国际登记的主要目标之一是提醒世界注意一国的空间活动。因此，继续遵守上述国际登记要求，可以实现增加国家空间活动的透明度并建立信任的目标。

（三）国际频率管理

航天器使用电磁频谱中的频率进行通信，这些频谱受到物理学的限制。因此，用户之间的频率协调和分配是一个太空项目成功运作的最重要的过程之一。

国际电信联盟（ITU，简称国际电联）是联合国的一个专门机构。作为联合国系统中最古老的组织，国际电联的起源可以追溯至19世纪中叶的国际邮政联盟。今天，国际电联有超过190个成员国加入其主要条约：《国际电联组织法》和《国际电联公约》。自太空时代伊始，国际电联通过国际协调和频率分配来协助空间的探索和利用。国际电联的任务是确保合理、公平、高效、经济地使用无线电频谱。在国际电联，这项任务主要是由国际电联无线电通信部门（ITU－R）管理，它还管理地球静止轨道（GEO）的轨道位置（称为“slot”）。GEO 是一个有限的自然资源，在这个意义上，它的卫星应用需要用户之间的协调，以防止拥挤和误用。

ITU－R 负责维系包括无线电通信服务（包含卫星无线电通信服务）管理性规定在内的国际电联《无线电规则》。《无线电规则》包括所有协调频率的国际频率登记总表（MIFR）。在太空项目的早期就应查询国际频率登记总表，考虑太空项目的空间系统部分和地球站将使用的频率。

国际电联将世界划分为三个管理区域，如图 3 所示。第一区包括欧洲、非洲、前苏联国家和蒙古。第二区包括美洲和格陵兰岛。第三区包括亚洲其他地区、澳大拉西亚和太平洋。每个管理区域都为特定的技术和服务分配了特定频率。国际电联已经为特定的空间活动分配了若干频率，包括地球探索、气象学、射电天文学、应急通信、无线电导航、空间操作、空间研究和业余卫星的频率。

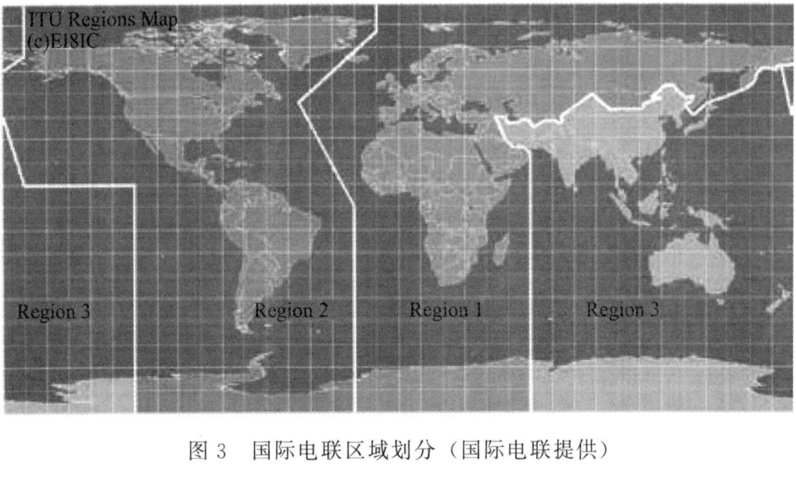

图 3　国际电联区域划分（国际电联提供）

无线电频谱被分为多个频段，包括专门分配的频段或者为各种应用共享分配的频段。具有广泛国际用途的应用享有专门的分配频段。无论是在全球或区域的基础上，频谱的共享部分可用于一个或多个服务。在共享频段内，不同的服务被分为主服务或次级服务，主服务相对次级服务享有优先权。《无线电规则》要求次级服务：

- 对已分配或者可能以后分配频率的主服务站不造成有害干扰；
- 不能针对来自已被分配频率的基站或可能以后被分配频率的主服务的有害干扰，提出免受干扰的保护请求；
- 但是，可以针对来自以后可能被分配频率的基站或其他次级服务的有害干扰，提出免受干扰的保护请求。

图 4 显示了各种应用在频谱中不同部分的分布，每个部分还取决于应用所在的地区。国家行政机关在国家一级执行和应用 ITU《无线电规则》。通过国家行政机关与国际电联进行协调的程序将在第二章进行更深入的讨论，运营商和国家行政机关之间，以及运营商之间的协调将在第三章进行探讨。

1. 世界无线电通信大会

世界无线电通信大会（WRC）在 ITU－R 的主持下每三到四年举办一次。其目的是允许成员国审查和修订条约，决定无线电频谱、地球同步卫星和非地球同步卫星轨道的使用。会议将持续一个月，有数千人参加，通过 WRC 将对陆地、航空和天基应用的频率进行分配。因此，WRC 作出的决定可能对卫星运营商可用的频率资源产生重大影响。

WRC 还将确立无线电通信全会（the Radio Communications Assembly）及其研究小组审议的“问题”，为今后的 WRC 做准备。由于议程和问题是事先设定的，新的太空参与者应该确定正在研究的哪些领域可能会影响他们的项目计划和频谱需求，以及他们自己是否需要倡导对《无线电规则》进行修改，以适应其未来的计划。

公司和其他的利益相关方可以成为国际电联的行业成员，允许他们观察会议并提供行业视角。

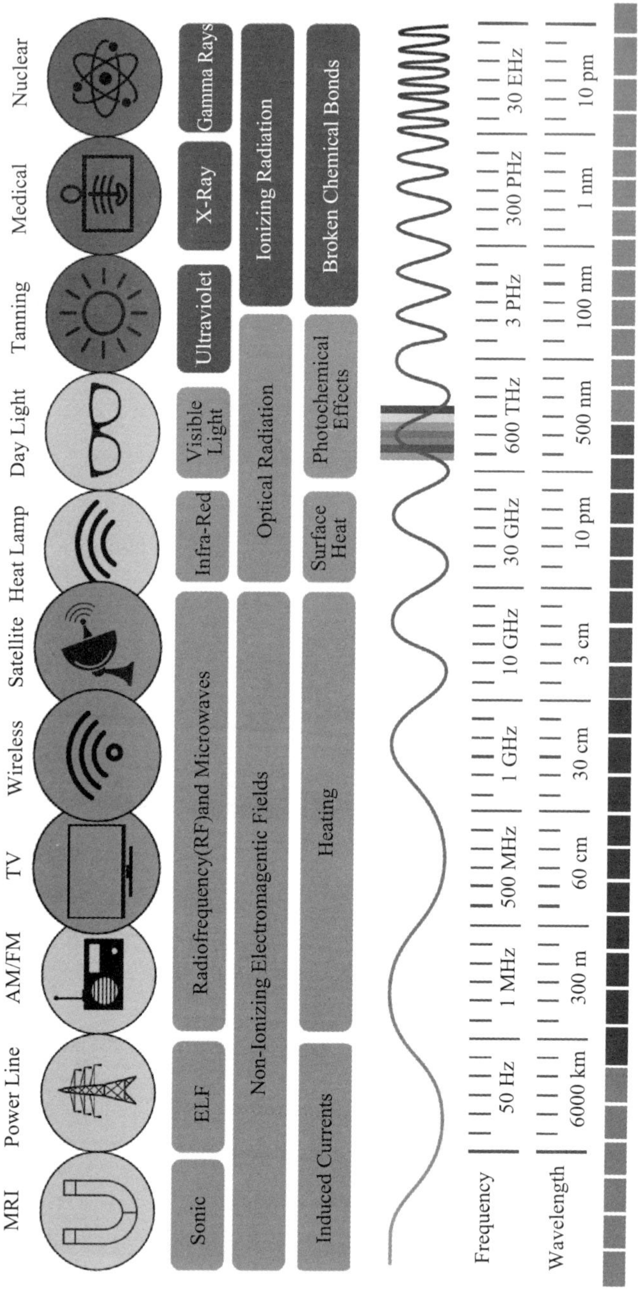

图 4　电磁频谱及其应用（SWF 提供）

2. 空间频率协调组

另一个值得注意的小组是空间频率协调组（SFCG），这是一个由民用航天机构的频率管理人员组成的非正式工作组。该工作组每年举行一次会议，制订有关分配频段的管理及技术协议，以避免空间领域的干扰。SFCG 会议采纳包含航天机构技术和管理协议的决定和建议，以期对已分配频段的最佳使用，并避免干扰。SFCG 的建议不具有正式的约束力，其有效性取决于机构成员的自愿接受和履行。

3. 激光通信

近年来，卫星激光通信系统的发展取得了长足的进步。与无线电通信利用无线电频谱中的无线电部分的信号不同，激光通信利用电磁频谱的光学部分的信号。激光技术已被证明可用于地面站与地球轨道上的卫星之间、绕地球运行的两颗卫星之间，以及绕月球和火星运行的卫星与地面站之间的通信。

传统的无线电卫星通信和激光通信有几个主要的区别。激光通信是具有可视性的，这意味着发射机和接收机之间必须有一条清晰、直接的路径。因此，激光通信无法在广阔的接收范围内广播。但这也使得激光通信更加难以拦截，发生意外干扰的可能性非常小。激光通信使用比无线电通信更高的频率，这意味着它们能够携带更多的数据。

激光通信对国际监管构成了重大问题。根据 ITU 目前的定义，采用激光通信的卫星目前不需要许可证。ITU 的无线电管理委员会目前仅限于管理用于广播应用的无线电频谱，而不适用于激光通信。然而，也有一些人认为，卫星通信的定义应该扩展到激光通信，因为频谱许可证的分配是目前为数不多的几个规范空间活动的方式之一。

（四）遥感

每个国家都享有对其领土的主权，因此各国常常担心其他人为了商业、政治或军事目的了解其领土的情况。因此，当太空可以自由探索时，许多国家对航天器把相机指向地球、从而使邻国能够获取本国信息感到有些不安。

迄今为止，没有任何国际条约直接管辖遥感。相反，一些联合国大会决议确立了与遥感相关的一些原则。联大 1986 年第 41/65 号决议涉及各国在遥感活动中应遵循的 15 项原则。该决议首先确立了“原始数据”和“处理过的数据”的区别。原始数据是指那些“由空间物体搭载的遥感器获取并从太空运输或传递至地面的未经处理的数据”。相反，处理过的数据是指“处理原始数据得到的产品”。分析信息定义为“解释处理过的数据和从其他来源获得的数据与知识所产生的信息”。

联大第 41/65 号决议的第十二项原则也许是最重要的遥感原则，其在探索太空自由和被感测国的关切之间谋求平衡：

> 有关被感测国管辖下的领土的原始数据和处理过的数据一经制就，该国即得在不受歧视的基础上依照合理费用条件取得这些数据。被感测国亦得按同样基础和条件取得任何参与遥感活动的国家所拥有的关于其管辖下领土的分析过的资料，在这方面，应特别考虑到发展中国家的需要和利益。

虽然第 41/65 号决议是联合国大会的一项不具约束力的决议，但它旨在反映航天国家的最佳做法。除此之外，数据共享已成为遥感活动中的一个关键原则，因为人们很早就认识到这种数据的可获得性与社会效益、科学进步和商业应用之间的联系。

开放的数据交换得到了国际的支持，尤其是全球气象数据和相关的产品，正如世界气象组织（WMO）第 40 号决议所要求的那样。地球观测组织（GEO）作为一个政府和机构的合作组织，致力于协调、全面、持续的地球观测和信息获取，积极推动全面开放的综合观测数据共享，以应对全球、区域、国家和地方各级的挑战。

（五）国际标准

国际标准在许多领域被接受，以提高安全性、可靠性和质量，而且在空间领域得到越来越多的实施。标准只是一个提供要求、规范、指南或特性的文件，这些要求、规范、指南或特性可以被一致地使用，以确保材料、产品、流程和服务适合其目的。标准可以是关于如何与一个特定类别设备接口的概要，也可以是关于确保质量的最佳管理实践的详细说明。

虽然标准可以由任何组织或实体制定，但在一个更加全球化的世界中，国际标准变得越来越重要。采用国际标准有助于确保全球各行业的兼容性，公司也可以由此向潜在客户表明，他们的产品或服务是高品质的。一个行业里的多个组织可以使用标准来从过去的错误中吸取教训，以提高行业的整体安全性。

1. 国际标准化组织

国际标准化组织（ISO）是主要的国际标准机构。ISO 成立于 1946 年，是一个独立的非政府组织，旨在促进工业标准的国际协调和统一。ISO 成员包括 160 多个参与国的主要国家标准机构，个人或公司不能成为会员，但可以由他们的国家标准机构任命为技术标准和政策发展领域的代表。

虽然许多的 ISO 标准在某种程度上适用于空间领域，但有一个专注于飞机和航天器的技术委员会，即 TC20。在 TC20 内，大部分的空间标准由两个小组委员会制定：小组 13（SC13）——空间数据和信息传输系统；小组 14（SC 14）——空间系统和运行。每个小组有多个工作组，每个工作组都集中在一个特定的领域，如系统工程、运行与地面支持、轨道碎片。

2. ITU 电信标准化部门

电信标准化部门（ITU－T）是国际电信联盟负责协调电信技术标准的部门。它采用基于共识的方式来行使职能，成员国和行业成员会向众多研究小组提供材料。研究小组的目的是制定“建议”和其他技术文件，这些文件只有在作为国家法律的一部分获得通过后才具有强制性。

世界电信标准化大会（WTSA）每四年举行一次，批准这些小组的建议，设置下一个四年期工作计划，并任命其主席和副主席。

尽管对太空参与者而言，ITU－T 不像 ITU－R 那么重要，但它已经对网络安全、物联网（IOT）、5G 以及其他一些公司感兴趣的领域进行了研究。

3. 空间数据系统咨询委员会

空间数据系统咨询委员会（CCSDS）是由几个主要的航天机构于 1982 年成立的，目的是为讨论有关开发和操作空间数据系统的共同问题提供一个平台。目前有 11 个航天机构是 CCSDS 的正式成员，此外还有 28 个观察员机构。CCSDS 的重点工作是为共同的空间数据处理需求制定标准，特别是从卫星到地面接收站的数据传输。CCSDS 开发了以下几个方面的标准：

- 航天器机载接口服务；
- 空间链路服务；
- 空间网络互联服务；
- 任务操作和信息管理服务；
- 系统工程；
- 交叉支持服务。

虽然 ISO 与 CCSDS 均是独立的组织，但它们在开发空间标准方面建立了密切的联系。CCSDS 采用的标准也是第 13 小组制定的 ISO 标准。

4. 全球导航卫星系统国际委员会

空间技术的扩散导致了全球导航卫星系统（GNSS）和地理空间信息等其他领域拟议的国际标准的出现。全球卫星导航系统国际委员会（ICG）成立于 2005 年，旨在促进基于民用卫星的定位、导航、授时和增值服务的自愿合作。通过其供应商论坛（包括中国、印度、日本、欧盟、俄罗斯和美国），ICG 鼓励当前和未来的 GNSS 供应商之间的协调，确保更高的兼容性、互操作性和透明度。

5. 联合国全球地理空间信息管理专家委员会

在地理信息领域，联合国全球地理空间信息管理专家委员会（UN－GGIM）成立于 2011 年，它是成员国和国际组织之间的一个协调和交流平台，旨在促进全球地理空间信息的发展及其在应对全球性挑战方面的应用。UN－GGIM 的主要举措是聚力于推动互操作性优先数据集相关标准的发展，促进在法律政策问题以及其他影响国家、地区空间地理信息能力的相关问题上的参与。

作为对 UN－GGIM 工作的补充，由公司、政府机构和大学组成的开放地理空间联盟（OGC）负责推动公开使用的接口标准的研发，以支持地理空间信息和服务的互操作性和可访问性。

（六）出口管制

国际社会对于常规军用产品和技术以及像空间技术这样的两用技术的不受控制的扩散非常关切。两用技术通常被定义为具有民用和军事双重用途的技术。航天工业的一个例子是化学火箭，它可以用作运载火箭，把卫星和人类送入轨道，但也可以用作投放大规模杀伤性武器的弹道导弹。所有的新参与者，包括私营的非政府太空参与者，都应该敏锐地意识到所有空间活动的敏感性和政治背景。

在国际层面，关于常规武器和两用产品及技术出口控制的《瓦森纳协定》是控制特定类型军事和军民两用产品及技术扩散的一项重要制度。它建立于 1996 年，目前有 41 个参与国，主要分布在北美洲和欧洲。《瓦森纳协定》的目标是通过在常规武器和军民两用产品及技术转让方面提高透明度和责任感，防止不稳定因素的积累，从而促进国际和地区的安全与稳定。参与国控制“两用产品及技术清单和军火清单”中的物品，并防止未经许可地转让这些物品。该协定还利用出口管制作为打击恐怖主义的手段，而不是为了对付任何特定的国家或国家集团。参与国同意就敏感的两用产品及技术交换信息，遵循商定的最佳做法，并报告在《瓦森纳协定》之外向接受方转让或拒绝转让受管制物品的情况。

导弹技术控制制度（MTCR）是空间活动领域另一项重要的国际管制。MTCR 是一项自愿制度，最初建立于 1987 年，到 2017 年共有 34 个国家参与。另有 4 个国家已经同意遵守 MTCR 出口管制规则，但还没有正式加入。MTCR 的目标是协调国家出口许可证的发放工作，以防止能够投放大规模杀伤性武器的无人运载系统的扩散。

2002 年，制定了《防止弹道导弹扩散海牙国际行为准则》，又称《海牙行为准则》，以加强 MTCR。《海牙行为准则》呼吁参与国在弹道导弹的试验、生产和出口方面保持克制。虽然《海牙行为准则》的限制性不如 MTCR，但它有 119 个参与国，在国际上得到了更多的认可，并且它是一项可靠的透明度和建立信任措施（TCBM）。签约国同意发布发射前通知和年度政策声明。

有一个国家的出口管制法产生了全球效应。美国的《国际武器贸易条例（ITAR）》是一套控制美国军需品清单（USML）上与防务相关的物品和服务进出口的政府法规，由于相关规则要求“ITAR 合规”，因此影响了其他国家发展国内工业的方式。这部分取决于向美国国务院国防贸易管制局（DDTC）注册，并在必要时获得相关许可证。USML 的物品包括一些卫星及其相关技术。另外，一些国家已成功地推销了他们的“非 ITAR 产品”，这意味着它们不会像 USML 上的物品那样有那么多的出口限制。

（七）国际赔偿责任

在国际法中，责任（liability）是一个与义务（responsibility）相关但又完全不同的概念。《外层空间条约》第七条规定，发射太空物体的国家应当对以下情形承担国际责任：

> 该物体或其组成部分在地球、空气空间或外层空间（包括月球或其他天体）对另一个条约缔约国，或其自然人或法人造成的损害。

对所造成的损害负有赔偿责任这一规则必然与义务有关，但却是有区别的，需要密切注意。鉴于上文所讨论的义务是确保所有国家活动符合《外层空间条约》的职责所在，责任条款要求各国对其他国家遭受的损害承担赔偿责任。1972 年的《责任公约》对损害的定义是，“生命丧失、身体伤害或其他健康损害；国家、自然人、法人或国际政府间组织的财产损失或损害”，这种损害通常被解释为实际的物理伤害，而非金钱利益或其他形式的非物理损害。

此外，义务由负责国家活动的一个或多个国家承担，责任则可能强制施加于造成损害的空间物体的任何发射国。虽然航天发射具有固有的危险性，发射活动本身不是非法的，但损害赔偿责任的规定意味着，国家应在损害发生后提供赔偿，并需要理解，如果发生损害，不一定违反了国际法。

《外层空间条约》规定了四类发射国：1）发射外空物体的国家；2）促使发射外空物体的国家；3）在其领土发射物体的国家；4）由其设施发射物体的国家。《责任公约》和《登记公约》重申了这些类别。因此，承担赔偿责任的可能有一个以上的发射国。事实上，这就是引发现今如此多的太空活动的原因。

对于各个国家而言，责任意味着，虽然他们有进行发射的自由，但他们必须确保在其他方面是合法的，而且他们必须准备在发生某些损害时（无论是在地面上，还是在空中或太空）向其他国家支付赔偿。虽然发射可能发生在另一个国家的领土上，一国仍然可能面临潜在的责任，如果其属于四类发射国之一。在多边空间活动中，伙伴国事先确定谁将被视为发射国是有意义的。

简言之，各国既对本国所有的太空活动负有责任，也对其被视为发射国的活动负有潜在的责任。对于太空活动领域的新进入者来说，这些责任意味着监管国应设法限制危险的发射或那些可能对其他国家造成损害的发射。监管国也可以作出一些规定，减少或抵消其潜在的责任，如要求新的非政府进入者为其可能发生损害的任务购买保险。保险将在第二章和第三章中进行讨论。

因为发射国将对由此造成的任何损害承担责任，任何作为发射国的国家都将对私人活动进行监管。一旦一个国家成为了一个“发射国”，它将一直被视为发射国，虽然可以有一个以上的发射国，但通常只有一个国家是登记国。以前一个发射国似乎总是一个登记国，但复杂的国际发射越来越频繁，被视为发射国与赔偿责任的概念紧密相关，而登记更多地与监督、许可、监管等义务以及空间物体的管辖权有关。

寻求发展国内空间活动和航天工业的国家需要考虑应该采用什么样的监管框架来授权和监督这些活动。

（八）争端解决

在理想的情况下，任何空间活动的预期结果中都不会包括解决争端的需要，无论是在国家之间还是私人当事人之间（或者是二者的结合），但如果需要，必须考虑有哪些争端解决机制。本节讨论向国家和私人当事人开放的解决争端的基本机制。

1972 年《责任公约》提供了一个框架，各国可以针对空间物体对另一个空间物体、飞行中的飞机或地球表面造成的损害提出索赔。该公约从第九条开始，规定了外交索赔处理的具体范围。根据《责任公约》第十条，“赔偿损害的要求，须于损害发生之日或判明应负责任的发射国之日起一年内向发射国提出。”

根据《责任公约》提出索赔，并不要求此前在国内法院用尽补救办法。虽然可以通过国家法院或《责任公约》提出索赔，但这两种途径不能同时采用。

如果争端的一方或双方不是《责任公约》的缔约方，则《责任公约》不适用。在这种情况下，任何外交解决必须遵循适用于争端当事国的国际法。例如，如果两个国家都是《外层空间条约》的缔约国，该条约第七条的规定则适用。

如果不能通过外交途径解决，《责任公约》规定在一个三人委员会范围内非对抗性地解决争端，争端的任何一方均可提出。第十四条至第二十条规定了索赔委员会的成立程序。无论是通过外交途径还是索赔委员会解决，根据《责任公约》裁定的争端都是“依照国际法和公正、公平的原则确定的”，它通常试图将遭受损害的国家恢复到如果损害没有发生的话它们本应处于的状态。

1. 国际法院

关于国家之间与空间相关的争端，国际法院（ICJ）提供了另一种选择。当然，争端各方必须同意将争端提交到国际法院，或者承认《国际法院规约》规定的强制管辖权。只有国家可以向国际法院（虽然某些国际组织可以寻求咨询意见）提出申诉。虽然国际法院迄今尚未对一个与空间有关的案件作出裁决，但它将对任何被视为国际法律争端的空间争端拥有管辖权。

2. 仲裁与调解

仲裁协议通常采用合同条款的形式来规定当事人的权利和义务。这样的仲裁条款在全球范围内得到广泛的认可，甚至在一些管辖区更受青睐，因为它们减轻了法院系统的负担。然而，并非所有当事方在解决争端方面享有相同的优先权。仲裁条款规定当事人双方有权建立仲裁人的选择程序，确定仲裁人的资格，并且决定是否和哪些发现是可用的，适用什么规则（证据和程序）、时间安排、保密级别、仲裁人的职责、裁决格式和裁决是否具有约束力、上诉程序（如果有）、法律的选择、临时补救措施和执行方法。仲裁条款可以指定一个特定的仲裁庭，在这种情况下，双方必须遵守该仲裁庭的规则和要求。

与仲裁和裁决一样，调解也采用中立的第三方来解决争端。然而，调解人不会作出有约束力的决定。相比法院或仲裁庭所遵循的程序，调解的程序具有较少的系统性和更大的灵活性，可以完全由双方协商或法院命令决定。解决非政府参与者——如公司或其他私人实体——之间的争端将在后续各章中讨论。

2011年，位于荷兰海牙的常设仲裁法院（PCA）颁布了《关于外层空间活动的争端仲裁的任择规则》。此外，PCA 建议在合同中插入一个示范条款。这些规则建立了另一种解决国家、国际组织和私人实体之间争端的方法。

（九）环境问题

我们必须保护地球和太空环境，以确保其持续的适居性和可用性。空间活动，特别是发射，被认为是具有固有危险和风险的。因此，有关环境保护的各种法律和法规禁止某些特定的活动，或规定发生损害由谁负责。保护空间环境，尤其是特别有价值的轨道和天体也有各种原则。

1. 地球环境保护

发射进入太空是一项具有固有危险的活动，通常涉及大量固体和液体燃料的燃烧，以及高级硬件在严酷环境中的快速运输。出于这个原因，发射地点一般选择在远离事故可能会对他人造成伤害的偏僻的地方。

有许多法律渊源涉及地球环境保护和发生损害时的赔偿责任分配。在国际层面上，各国通常应对其对其他国家造成的跨境国际损害负责。这种义务存在于各国的一般习惯之中，并得到广泛认可。特别是在空间法方面，《外层空间条约》第七条规定了太空发射的损害赔偿责任规则，包括发射国在地球或空气空间对其他缔约国造成损害时的损害赔偿责任。

此外，各国对其太空发射造成的地面损害或飞行中的飞机损害负有绝对责任。这种绝对责任并不要求证明任何过错或过失，只要求证明损害是责任国的活动造成的。因此，虽然太空活动一般是合法的，但其极端危险的性质反映在《外层空间条约》和《责任公约》的这一绝对责任制度中。

2. 地球返回污染

《外层空间条约》第九条主要涉及保护太空环境，但第二句涉及保护地球环境不受来自太空的物质的影响。

各缔约国从事研究、探索外层空间（包括月球和其他天体）时，应避免使其遭受有害的污染，以及地球以外的物质，使地球环境发生不利的变化。如必要，各缔约国应为此目的采取适当的措施。

国际空间研究委员会（COSPAR）是一个跨学科的科学组织，长期致力于保护空间环境独特、原始的状态，至少涉及人类与这些环境的交互作用。为此，国际空间研究委员会颁布了太空任务的行星保护原则，虽然后面讨论了其他天体的保护，但COSPAR建议对返回地球的任务采取最高级别的防范措施，这种任务可能会造成所谓的“返回污染（back-contamination）”。

COSPAR将返回地球任务分为“限制性地球返回”和“非限制性地球返回”。非限制性地球返回适用于从月球和金星这样的天体返回的任务，此类天体既没有本土的生命形式，也不存在生命可以繁衍的环境。限制性地球返回适用于从火星和木卫二返回的任务。未来的地球返回任务将在采样返回和其他的作业（必要时由COSPAR确定）之前进行分类。

3. 核动力源在太空中的应用

在外层空间恶劣的环境中，需要独特的技术方法为航天器提供动力源。从太空时代开始，核动力源就被应用于航天器上。放射性物质的稳定和可预测的衰变可以以适合航天器需要的数量和方式释放能量。放射性同位素热电发电机（RTG）和放射性同位素加热装置（RHU）是经过历史证明的产生电力的方法，美国和俄罗斯都使用过核动力源。

认识到核动力源特别适合用于空间任务，联大1992年第47/68号决议建立了11个相关使用原则。这些核动力原则重申了国际法的适用性，以及《外层空间条约》、《责任公约》中关于发射国的责任和潜在赔偿责任、登记国的管辖权和控制权的概念和框架。

该决议的第三条原则探讨了使用准则和标准，指出空间核动力源应限于那些“不能以合理的方式采用非核动力源运行”的任务。它进一步要求，核反应装置只能使用高浓缩铀-235作为燃料，而反应装置的设计和建造应使其只能在到达轨道或行星际轨道时才发挥重要作用，其他使用方式都不应存在（包括火箭爆炸、再入或者撞击水体和陆地）。

第五条原则包含了发布关于存在放射性物质重新进入地球风险的故障核动力源的通知的规定。所提供的信息包括基本的发射和轨道参数，以及核动力源本身的信息和可能到达地面的组件可能的物理形式、数量和一般辐射特性。该通知应送交到有关国家和联合国秘书长。这些原则还要求各国之间进行磋商和提供援助，并加强义务、责任和赔偿的作用，在现有的空间条约内解决争端。

在联大第47/68号决议之后，外空委的科学技术小组委员会与国际原子能机构共同制定了外层空间核动力源应用的安全框架。这个框架没有法律约束力，旨在作为国家和政府间安全目的指南。该框架涉及在空间任务中的核动力源的安全使用问题，并就如何批准使用核动力源的太空任务、此类任务的责任和安全管理，以及相关技术途径向各国政府提供指导。当计划中的太空任务涉及核动力源时，应该在项目早期参考这些指导原则。

4. 空间碎片

经过60多年的太空活动，人类制造了大量的空间碎片（如图5所示）。空间碎片通常被定义为在卫星发射和运行过程中产生的非运行卫星、耗尽的火箭级以及其他的碎块和碎片。美国军方目前追踪了地球轨道上大约23 000块尺寸超过10 cm的人造碎片，每一块碎片都可能在碰撞中摧毁一颗使用中的卫星。根据不同空间机构的科学家所做的研究估计，有500 000块尺寸在1～10 cm之间的空间碎片基本上没有被追踪，每一块都可能在碰撞中严重损坏一颗使用中的卫星。这些碎片集中在地球轨道上使用最频繁的区域，许多使用中的卫星运行于其中。这些区域包括2 000 km以下的低地球轨道（LEO）区域和赤道上空约36 000 km的地球同步轨道区域。

图 5　轨道上大于 1 cm 的空间碎片（制图分析股份有限公司提供）

前美国国家航空航天局（NASA）科学家唐纳德·凯斯勒第一个预测了后来被称为凯斯勒综合症的现象：**随着轨道空间碎片数量的持续增加，存在一个临界点，达到一定密度的空间碎片之间将发生随机碰撞。**这些随机碰撞反过来将产生更多的碎片，其产生速度比它们因地球大气层的作用而从轨道上移除的速度更快。与电影《地心引力》所呈现的戏剧性场景不同，这一过程将在几十年或几个世纪里缓慢地发生。在人类开始用卫星填满太空之前，太空并不是一个原始的环境，由于流星体的存在，太空中一直都有自然碎片。凯斯勒的预测是，这些逐级的碎片与碎片之间的碰撞会导致人类产生的碎片数量激增，将比自然碎片对卫星构成更大的威胁。

现在科学家们有一个普遍的共识，这个临界点已经过了，有足够数量的人类产生的空间碎片集中在 700 km 到 900 km（430 至 560 英里）的 LEO 关键区域，即使没有新的卫星发射，这些碎片也将产生更多的碎片。这些碎片之间的碰撞不会导致碎片数量的无限增长，相反，它们将导致一个未来的、比现在碎片数量更多的平衡点。碎片数量的增长将增加风险，因此在关键区域（如 LEO）卫星运行的相关成本也将增加。这些增加的成本可能是因为需要更多的备份卫星，以取代那些在碰撞中失效的卫星，也可能是因为需要更重和更复杂的卫星，其建造和发射的成本更高。此外，试图探测和避免可能的碰撞也会增加运营成本。这些不断上升的成本可能会阻碍太空的商业开发，并会给政府预算增加额外的压力，可能导致目前从太空获得的利益的损失，或者阻碍发现新的利益。

解决空间碎片问题的努力可分为三大类：碎片减缓、主动碎片清除和空间交通管理。这些措施涉及这一问题的不同方面：限制新的空间碎片的产生，减少已经在轨的空间碎片的数量，以及尽量减少现有的碎片对空间活动的负面影响。

空间碎片减缓包括设计在正常运行过程中可以减少碎片数量的卫星和空间系统；发展在寿命结束时减少碎片或爆炸风险的方法，包括排空剩余燃料或电池放电；在航天器和耗尽的火箭级不再有用后，妥善处置它们。20 世纪 90 年代末，几个主要的航天机构共同组成了机构间空间碎片协调委员会（IADC）。IADC 的目的是帮助各空间机构协调和共享关于空间碎片的研究。2007 年，IADC 发布了《空间碎片减缓准则》。这些技术准则确定了地球轨道的特定保护区，并建议卫星运营商采取行动，在受保护的区域尽量减少产生长寿命的空间碎片。图 6 显示了 IADC 确定的保护区。

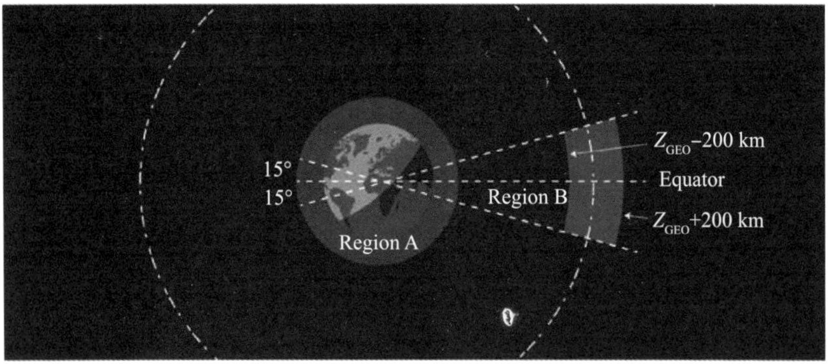

图 6　空间保护区域（安全世界基金会提供）

外空委《空间碎片减缓准则》是一套简化的准则，在性质上更政治化，2009 年得到了联合国的认可，虽然它们仍然是自愿性质的。一些国家通过国家法规和政策已经在实施碎片减缓准则，这将在第二章讨论。

近年来，IADC 着重研究主动碎片清除（ADR）。2013 年，它发表了一项由六个空间机构使用六种不同的模型进行的研究，发现在未来的 200 年里，即使 90％遵守碎片减缓准则，低轨道空间碎片数量仍将平均增长 30％。这增加了在不久的将来启动 ADR 的重要性。

目前，ADR 的讨论主要有三种方法。第一种方法是每年努力清除 5 至 10 个最大的空间碎片。这会减缓甚至停止空间碎片数量的长期增长，但无法解决近期的碰撞风险。第二种方法是将焦点集中在 1 到 10 cm 尺寸范围内的小碎片。这将有助于减小对卫星的短期风险，但对碎片数量的长期增长的影响微乎其微。第三种方法被称为及时碰撞避免，涉及预测两个碎片物体之间未来的碰撞，并改变其运行轨道以防止碰撞。建议的方法包括地面（或天基）激光器或冰冻水雾。

近几年来，在移除大型物体或小型物体方面，来自世界各地的技术专家一直在对这两个问题进行深入的研究，并且有一些有前途的技术解决方案。然而，努力在很大程度上是两个目标之间的选择。不太可能有一个单一的、无所不包的解决方案，既可以处理大型碎片目标，也可以处理小型碎片目标。此外，这些技术都没有在轨道上进行过作业演示，所有这些都构成了广泛的法律、政策和其他非技术挑战。

应对空间碎片的挑战将需要从事这项技术工作的工程师和科学家之间，以及制定政策和监管法规的律师和决策者之间的密切协调与合作。

（十）前沿问题

前面部分讨论了空间活动的国际政策、法律和监管框架的重要方面。尽管其中每一个主题的边界都存在细微之处，但大部分已经得到了明确和理解。本节将讨论太空活动中不断演变的问题和更高级的主题。

1. 空气空间与外层空间的边界

尽管进行了半个多世纪的太空活动，但对于空气空间的终点和外层空间的起点仍没有国际公认的法律定义。《外层空间条约》或任何其他国际法律文书都没有明确规定外层空间的起点或最低点。外层空间的定义很重要，因为管辖空气空间和外层空间的法律制度是根本不同的，而且进入外层空间需要穿越空气空间。这两个领域的区分将有助于澄清哪些法律制度管辖在它们之间的穿行活动。

主权是现代国家的一个基本组成部分，本质上是一个政府的专属权力，据其可以制定法律、解决争端以及执行其法律和司法决定。一国在其领土和领海上空的领空内享有专属主权。然而，《外层空间条约》第二条严格限制了国家在外层空间的主权，留下的只有对一国发射并登记的空间物体及其所载人员的管辖权和所有权。在航空法中，国家对空气空间的主权包括不允许他人进入的权利，只有通过复杂的双边和多边条约，各国才允许其他国家的民用航空器进入（通过、降落和起飞）其主权空气空间。外层空间的制度与这种结构相反，所有国家都享有自由进入、探索和使用外层空间的权利。

1976 年，全球赤道地区的一些国家签署了《波哥大宣言》，主张控制其领土上方空间的使用的法律要求。该宣言试图推翻现有的法律结构，说明地球静止轨道作为一种有限的资源，“不能被视为外层空间的一部分”。尽管哥伦比亚的宪法继续承认该国上方的轨位（Orbital slot）是其领土的一部分，但《波哥大宣言》的主张并没有得到广泛的承认，各国还是继续遵从 ITU 对地球静止轨位的分配。

有人认为，在空气空间和外层空间之间法律界限的缺失，可能会在不久的将来增加相关的问题。有些活动可能被视为发生在空气空间，因此将受航空法管辖；或者，它们也可能被视为发生在外层空间，因此将受空间法管辖。例如，可重复使用的空天飞机在到达地球轨道之前是否由航空法管辖？或者因为它是一个航天器，其任务持续期间都适用于空间法，包括它的过境？作为一般的运行规则，可以假定人造卫星能够绕地球轨道的区域是外层空间，虽然这个高度并不一定反映空气空间的上限。一个“空间主义者（spatialist）”方法是划出一条清晰的（外层空间）分界线，即在地球表面之上100 km，这通常被称为卡门线（Kármán line）。

其他的人则会首先考虑这项活动是涉及有翼飞行器（如飞机）还是火箭（如航天飞行器），或者考虑该飞行器是像火箭一样垂直起飞，还是像飞机那样水平飞行。根据飞行器看起来像飞机还是航天飞行器，以及它的任务是什么来区分其适用航空法还是空间法可能是有道理的。这种“功能主义者（functionalist）”方法并不试图在地球表面上方确定一条像“空间主义者”方法所建议的物理界线。

某活动是否符合航空活动或空间活动的条件，不仅受到其运行区域的规则的影响，而且还受到其必须固有地遵守的国家规则，以及适用的国际义务与责任规则的影响。然而，迄今为止还没有达成任何国际定义。这种确定性的缺乏可能是由于以前在空中的飞机和外层空间的火箭与卫星之间存在明确的区分。此外，无论是功能主义者还是空间主义者方法都未在讨论中占据主导地位。

随着技术的发展，越来越多的国家和非国家的参与者发射了不同类型的飞行器和运载器，因此有必要更清晰地界定外层空间的起点。

考虑空间立法的政府可能首先会考虑在国家一级确定外层空间的合法起点是否有什么好处，尤其是在没有国际定义的情况下。同样，一个航天初创企业应了解航空法和空间法的不同制度，以及它们之间缺乏国际法律确定性的现状。

2. 太空交通管理

太空交通管理（Space traffic management，STM）是指为最大限度地减小或消除日益增加的空间拥挤的负面影响而采取的措施。随着活动卫星数量和空间碎片数量的增加，特别是在频繁使用的轨道和高度上，物理拥挤已成为一个日益严重的问题。迄今为止，已经发生了多例工作卫星和另一个空间物体的非故意碰撞，这些碰撞要么损坏了卫星，要么完全摧毁了两个物体，并创造了数以千计的新的空间碎片。STM 的目标是试图消除未来可能产生额外的碎片或其他的空间活动安全风险的空间碰撞和事件，并同时提高空间活动的安全性和效率。

空间态势感知（Space situational awareness，SSA）是 STM 的重要组成部分。SSA 是指描述空间环境和空间活动的能力。SSA 的一个关键组成部分是跟踪空间目标的地面或天基传感器，如雷达或光学望远镜。结合多个传感器的跟踪数据，估算空间物体的轨道并预测其未来的轨迹。其他的关键组成部分包括空间天气、空间物体的特征和将在第三章讨论的预先计划的机动。

虽然一些国家目前的做法可以被认为是 STM 的一部分，但是还没有广泛的国家实践，也未建立国际制度。2010 年，美国政府开始了一项计划，为所有卫星运营商提供接近告警。少数其他一些国家也为国家实体提供类似的告警。许多卫星运营商使用第三方的服务，如空间数据协会（Space Data Association，SDA）或自己国家的航天局，以补充来自各国政府的基本告警数据。还有一些国际政治倡议探讨了提高空间活动的安全性和可持续性的自愿准则或规范，并研究了太空与空中交通之间的相互作用和可能的安全问题。

关于国际 STM 制度应该从国家实践开始还是从国际条约开始，一直都存在着争论。也有人对 STM 和空中交通管理进行了比较，并呼吁制定一项新的条约，以建立一个国际机构，这一机构负责制定 STM 的标准，类似于 ATM 方面的国际民航组织（ICAO）。然而，ICAO 的建立是为了解决以往存在的国家空域法规之间的差异问题。此外，由 ICAO 制定的空中交通标准要求国家管理和行政机构予以执行，而目前许多国家在空间活动方面还没有这类的机构。因此，其他国家正在推动主要航天国家建立国家 STM 制度，这些制度可能在未来演变成一项国际制度。

3. 人类在太空中的地位

随着国家和私营企业考虑并准备进行从亚轨道到地球轨道以远的载人航天飞行，人类在太空的法律地位问题需要在国际框架内进行处理。《外层空间条约》对于“航天员”规定了特殊权利和义务，其可能适用也可能不适用于其他航天飞行参与者，如太空游客。

《外层空间条约》第五条将航天员称为“人类的使者”，并要求各国在其领土或公海上给予他们“在发生意外、遇险或紧急着陆时一切可能的协助”。这种援助还要求使他们安全和及时地返回其航天飞行器的登记国。在外层空间和天体上，各国必须向其他缔约国的航天员提供“一切可能的帮助”。最后，各国还必须向其他国家和联合国秘书长通报它们在太空中发现的任何可能对航天员的生命和健康构成危险的现象。

1968 年《关于营救航天员、送回航天员和归还射入外层空间的物体的协定》进一步发展和完善了人类在太空的权利和义务。这些文本的基本含义在很大程度上是明确的，并突出了激发各国积极履行其规定的义务的和平与合作精神。然而，无论是这些条约还是随后的任何国际法渊源都没有对“航天员”这一术语作出过定义。人类在太空旅行中的地位问题是许多新的太空参与者可能不会立即面临的问题，但将来就需要考虑。很有可能，那些寻求取得太空资历的国家会有兴趣让他们的公民加入不到 600 名曾到外层空间旅行的人员名单中去。

4. 保护天体

除了前几节讨论的环境问题外，天体的保护是一个新的太空参与者可能面临的前沿问题。《外层空间条约》第九条首先确立了一项积极的承诺，即各国应本着合作和互助的原则，在开展一切活动时应适当地顾及其他缔约国的相应利益。关于天体的环境，一切研究和探索均应“避免有害污染”。

这一条随后要求各国，在有理由相信其活动或试验可能对其他国家的空间活动造成潜在的有害干扰之前，进行“适当的国际磋商”。最后，当有理由认为这些活动或试验会对本国的活动造成潜在的有害干扰时，各国可以要求就这些活动或试验进行磋商。

虽然第九条的内容都与环境保护有关，但主要是第二句涉及天体的保护，并规定各国有积极的义务来采取适当措施，防止对外层空间和天体的有害污染。这句话还涉及空间碎片的产生和防止外星物质进入地球。因此，该条约的这一条款反映了各国保护天体的愿望，并进一步阐述了行星保护的意义。

如前所述，COSPAR 已经颁布了一项行星保护政策，用于其他天体的任务。2011 年 3 月最后更新的行星保护政策，反映了对生命起源感兴趣的科学家的担忧，以及这样一种忧虑，即天体环境可能会受到抵达的载人或机器人航天器的污染，即使是无意的。行星保护政策根据任务所涉及的目的地和任务类型划分了五类任务，如轨道器、着陆器、返回地球任务等（见表 2）。

表 2　行星保护任务类型

目标行星和位置	任务类型	任务分类
未分化、变形的小行星，木卫一(Io)，其他待定类	飞越，轨道器，着陆器	Ⅰ
金星；月球；彗星；非Ⅰ类小行星；木星、木星卫星(除了木卫一和木卫二)；土星；土星卫星(除了土卫六和土卫二)；天王星；天王星卫星；海王星；海王星卫星(除了海卫一)；柯伊伯带(小于二分之一的冥王星大小)；其他待定类	飞越，轨道器，着陆器	Ⅱ＋
对其液态水环境存在潜在污染的冰状卫星，如木卫三；土卫六；海卫一；冥王星和冥卫一；其他待定类	飞越，轨道器，着陆器	Ⅱ
火星；木卫二；土卫二；其他待定类(Ⅳa－c 为火星分类)	飞越，轨道器	Ⅲ
	着陆器、取样器	Ⅳ a－c
金星，月球；其他待定类(不受限地球返回)	不受限地球返回	Ⅴ(不受限)
火星；木卫二；土卫二；其他待定类(受限地球返回)	受限地球返回	Ⅴ(受限)

Ⅰ类任务是指飞往那些与理解化学演化过程或生命起源缺乏直

接相关性的天体的任务，包括某些类型的小行星和其他有待确定的目的地。对于Ⅰ类任务，无论是轨道器、漫游车还是着陆器，都不涉及行星保护问题。

Ⅱ类任务也包括轨道器、漫游车和着陆器，但涉及几个主要天体：金星、木星、土星、天王星和海王星，以及木卫三，木卫四，土卫六，海卫一、冥王星与冥卫一，谷神星，以及彗星、碳质球粒陨石小行星和柯伊伯带。这些Ⅱ类任务是涉及与化学演化过程或生命起源相关的具有重大科学价值的天体飞行任务，但是，由于目的地的物理环境，污染会危及未来研究的可能性很小。Ⅱ类任务需要记录计划的撞击概率和污染控制措施，提供一份根据行星保护总体方案采取的行星保护措施相关文件，以及提交发射前报告、发射后报告、遭遇后报告和任务结束报告。

Ⅲ类到Ⅴ类是更高级的任务，包括火星、木卫二、土卫二（Ⅲ类）的飞越或轨道器，或者火星、木卫二、土卫二（Ⅳ类）的着陆器，或者任何地球返回任务（Ⅴ类）。从金星或月球返回地球的任务被归类为“不受限地球返回任务”，而从火星或木卫二返回的任务则是“受限地球返回任务”，需要加强审查。

COSPAR 指南是在国家层面执行，空间机构和政府将其纳入国家许可和监管框架，或者在国家航天局的计划中实施。在美国，NASA 设有一个行星保护办公室，提出了一项全局范围的政策指令，并制定了飞行任务的强制性程序要求。

除了有计划地保护天体的科学价值外，人们还希望保护和保存天体上的某些区域和文物，因为它们对于太空探索具有重要的意义。阿波罗登月任务的着陆地点，包括航天员在月球上留下的硬件，甚至尼尔·阿姆斯特朗、巴兹·奥尔德林和后来的航天员留下的标志性脚印，都具有永久的文化价值。同样的情况也适用于苏联时代留在月球表面的漫游车（如 Lunokhod），以及其他天体上的漫游车。虽然有在这些遗址被下一代的任务侵蚀之前将其列为联合国教科文组织（UNESCO）世界遗产的说法，但到目前为止，仍是由各国政府及其空间机构来保护它们特别感兴趣的那些遗址和文物。

对于计划前往某些目的地的飞行任务，建议负责任的参与者就各种行星保护政策进行自我教育，同时还要对他们的飞行任务的执行情况加以观察。

5. 空间资源

正如本章开头所讨论的那样，探索和利用外层空间有很大的自由。《外层空间条约》甚至确认这种探索和利用应为“全人类共同的事情”。但是，国家、私人公司甚至个人都有什么权利利用空间资源呢？虽然《外层空间条约》的起草者和谈判代表审议了这个主题，但他们把它弄得比较模糊，以便之后进一步的完善。然而，这个条约虽然给予了足够的太空自由，但是也有一定的限制。《外层空间条约》第二条规定：

> 各国不得通过主权要求，使用或占领等方法，以及其他任何措施，把外层空间（包括月球和其他天体）据为己有。

如果仅仅规定“外层空间不受国家占有”的话，这一条本可以缩短很多，但它包含了附加条款来阐述它所包含的消极禁止内容。其中列入“月球和其他的天体”表明，该禁止适用于物理天体，也适用于“虚空”空间。更重要的是，它列出了一份不能证明一国占有外层空间是正当的方法（或手段）清单，包括对空间的主权要求、使用或占领。声明（如主张）或物理行为（如使用或占领）均不构成合法占有。第二条的清单并不是详尽无遗的，它只是说明了一些不会令对空间的国家占有合法化的明确方法。此外，“天体”这一术语在国际法中是没有明确定义的，人们可以质疑小行星或彗星是否与太阳系中的一颗大行星一样是所谓的“天体”。

随着一系列的空间活动成为可能，对这一禁止的进一步解释也许可以提上议事日程了。考虑这样一种情况，一项载人火星任务将在许多个月之后到达目的地。对该禁止的一个特别解释将表明，航天员们被禁止使用极地地区的冰冻氢或冰冻水来配制火箭燃料，制造可呼吸的空气或饮用水。根据这一解释，他们在火星上使用的所有燃料、水和空气都必须来自地球。这是一个对该条约的特别严格的解释，可能与原起草者的预期相背离。该条约其他地方所载的巨大自由，以及条约起草的目的和背景都表明了另一种情况。

另一种解释认为，使用火星上储藏的冰冻水不符合国家占有的条件，也不会因此而受一个数百万公里之外的国家的主权管辖。此外，美国和苏联都带回了月球样品，并以具有主张和转移这些样品的无争议所有权的方式行事。

虽然太空资源的利用问题正在审查之中，但《外层空间条约》的宗旨似乎与限制下一代空间活动的过于严厉的禁止相背。只要空间资源的使用符合该条约的宗旨，能促进条约的目标，并在其他方面符合国际法，就是允许的。此外，只要这些活动不上升到一个国家建立类似于殖民空间或天体的主权占有的程度，它们也是允许的。

正在考虑下一代空间资源活动或产业的国家应该明智地考虑如何解释其根据《外层空间条约》利用和探索空间的权利，以及这些权利是如何受到《外层空间条约》第二条的平衡或限制的。

（十一）相关组织

新的参与者在进行太空活动时应关注以下组织。

1. 国际政府间组织

（1）地球观测组织（Group on Earth Observations）

地球观测组织成立于 2005 年，旨在加强各地球观测系统之间的互操作性，目前有 100 多个参与国。www. earthobservations. org/

（2）机构间空间碎片协调委员会（Inter – Agency Space Debris Coordination Committee）

IADC 成立于 1993 年，是一个由空间机构组成的国际政府论坛，其工作重点是在世界范围内协调与太空中的人造和自然碎片有关的活动。IADC 制定了《空间碎片减缓准则》。www. iadc – online. org/

(3) 全球导航卫星系统国际委员会(International Committee on Global Navigation Satellite Systems)

ICG成立于2005年,致力于促进民用卫星定位、导航、授时(PNG)和增值服务领域有关共同利益的事项上的自愿合作。这包括协调和加强全球导航卫星系统、区域系统供应商之间的合作,以确保更大的兼容性、互操作性和透明度。www.unoosa.org/oosa/en/ourwork/icg/icg.html

(4) 国际电信联盟(International Telecommunication Union)

国际电联是联合国的一个专门机构,总部设在瑞士的日内瓦。它的任务是促进与卫星服务有关的电磁频谱和轨道资源的公平获取,并推动这些服务的发展、实施和高效运行。ITU负责管理国际频率协调的过程,制定全球标准,并维护MIFR。每三到四年,ITU还会召开世界无线电通信大会(WRC),修订或通过国际《无线电规则》,这是一个关于无线电频谱和轨道资源的管理、操作、程序和技术规定的条约。每个国家在WRC都有一个投票权,虽然很多的决议是以协商一致的方式通过的。www.itu.int/

(5) 联合国

联合国于1945年根据《联合国宪章》成立,是世界上最大、最重要的国际政府间政治机构。其主要机构(大会、安理会、经济及社会理事会、秘书处和国际法庭)致力于维护国际和平与安全,合作解决国际经济、社会、文化和人道主义问题,促进对人权和基本自由的尊重。www.un.org/

(6) 联合国大会

联合国大会是联合国的主要审议机构,由所有成员国组成,每个成员国对所有决定都有一个投票权。大会每年9月下旬在纽约联合国总部举行。在重大事项上的决定(如和平、安全和新成员)需要三分之二的多数通过,所有其他事项则需要简单多数通过。大会的大部分工作是由各委员会和其他机构进行的,其中两个涉及与外层空间有关的事务。www.un.org/en/ga/

第一委员会

联合国大会第一委员会是裁军和国际安全委员会，其任务是处理一般的裁军和国际安全问题，而这些问题有时会涉及外层空间事务。www. un. org/en/ga/first/

第四委员会

联合国大会第四委员会是特别政治和非殖民化委员会。外空委的年度报告需要提交到第四委员会，第四委员会还负责制定外空委下一年的工作任务。www. un. org/en/ga/fourth/

（7）联合国和平利用外层空间委员会

外空委根据联合国大会决议于 1958 年成立，它是联合国审议空间活动的主要委员会。外空委和它的两个小组委员会在奥地利维也纳举行会议。科学和技术小组委员会（STSC）每年二月举行为期 2 周的会议，法律小组委员会（LSC）每年三月举行为期 2 周的会议，外空委的全体会议每年六月举行，为期一周半。截至 2017 年，会员国（只对国家开放）已达 84 个，而且在不断增加，许多政府间和非政府的常驻观察员也会参加会议。外空委的报告将送交联合国大会第四委员会批准。外空委是起草和谈判主要法律文件（如《外层空间条约》）的机构。www. unoosa. org/

（8）联合国外层空间事务办公室

OOSA 总部设在奥地利维也纳，由联合国秘书长领导，下设两个科：委员会、政策与法律事务科以及空间应用科。OOSA 是外空委及其两个小组委员会的秘书处。OOSA 的空间应用计划协助发展中国家利用航天技术来促进发展，在遥感、卫星通信、卫星气象、卫星导航、空间法和基础空间科学方面提供技术援助、培训和奖学金项目。OOSA 也负责联合国空间物体登记册的保管，并且是全球导航卫星系统国际委员会的秘书处。OOSA 还负责管理灾害管理和应急响应天基信息平台（UN－SPIDER），在奥地利的维也纳、德国的波恩和中国的北京设有办事处。www. unoosa. org/

（9）联合国裁军谈判会议

总部设在瑞士的日内瓦，作为联合国以前有关裁军的委员会的继任者，目前的裁军谈判会议（CD）成立于1980年，负责与裁军相关的诸多问题，包括防止外空军备竞赛（PAROS）的常规议程。www.unog.ch/cd

（10）联合国全球地理空间信息管理专家委员会

UN－GGIM成立于2011年，它是成员国和国际组织之间的一个协调和交流论坛，旨在促进全球地理空间信息的发展及其在应对全球性挑战方面的应用。http：//ggim.un.org/

（11）世界气象组织

世界气象组织成立于1950年，是联合国的一个专门机构，致力于气象、水文和相关应用领域的国际合作。世界气象组织促进与这些领域相关的政策制定和数据交换，并负责维护众多的参考标准和数据集。世界气象组织的太空计划着力于在191个成员之间协调用于天气和气候观测目的的天基数据源和产品的获取和使用。www.wmo.int

2. 非政府组织

许多的非政府组织、行业协会或其他团体拥有众多成员，可以提供行业协调、推广和教育职能。这些实体可能是国内或国际性质的，可能是空间和卫星部门特有的，也可能包括内含航天、业务领域更广泛的航空航天或国防工业的参与者。

（1）亚太卫星通信委员会

亚太卫星通信委员会（APSCC）是一个国际非营利性组织，代表卫星和空间相关产业的所有领域。其成员包括卫星制造商、发射服务供应商、卫星服务供应商和卫星风险管理公司、电信运营商，以及亚洲、欧洲和北美洲的广播公司。

APSCC的使命是促进卫星通信和广播服务的发展和利用，以及空间活动的其他方面，以实现亚太地区的社会经济和文化福利目标。http：//www.apscc.or.kr/

（2）商业航天联合会

商业航天联合会（CSF）是一个总部设在美国的贸易组织，主要侧重于商业空间运输业。CSF 成立于 2006 年，目前有 70 多个成员组织。CSF 的主要目标是促进技术创新，引导地球经济圈的扩展，加强美国在航空航天领域的领导地位，激励美国下一代的工程师和探险家。http：//www. commercialspace light. org/

（3）欧洲遥感公司协会

欧洲遥感公司协会（EARSC）是一个非营利性的会员制组织，致力于促进地球观测技术的使用，其服务的重点对象是提供对地观测相关产品和服务的欧洲公司。EARSC 的使命是推动欧洲的地理信息服务业的发展。截至 2016 年 12 月，EARSC 拥有 85 个成员组织。任何使用或提供地球及其环境遥感观测服务的组织均可获得观察员资格，不论传感器类型或来源（如卫星、飞机、无人机）。http：//earsc. org/

（4）欧洲、中东和非洲卫星运营商协会

欧洲、中东和非洲卫星运营商协会（ESOA）成立于 2002 年，是一个代表欧洲卫星运营商的非营利性组织，并在 2015 年扩大到中东和非洲地区的运营商。ESOA 的目标是成为全球和区域卫星运营商对所有国际、区域和国家组织和监管机构的统一声音，并实现全球所有卫星运营商之间的协调。www. esoa. net

（5）国际业余无线电联盟

国际业余无线电联盟（IARU）成立于 1925 年，是一个负责在业余爱好者的无线电频率分配方面进行协调与合作的国际联盟，包括使用业余卫星应用的爱好者。IARU 有一个卫星频率协调部门，其卫星顾问可以帮助规划空间遥测、空间遥控和工作频率。在一些国家，为了从太空传输某些业余分配频率的无线电信号，必须与 IARU 进行协调。www. iaru. org/satellite. html

（6）国际宇航联合会

国际宇航联合会（IAF）成立于 1951 年，由世界各地对空间研究领域的对话与合作感兴趣的科学家组成，每年秋季在不同地点举行年度国际宇航大会（IAC），以及其他关于空间探索、空间科学的全球会议。www. iafastro. org/

（7）国际空间法学会

国际空间法学会（IISL）成立于1960年，由根据其在空间法和相关社会科学领域的贡献选出的机构和个人组成。IISL致力于促进空间法的发展，它与IAF合作，在IAC上组织举办年度学术讨论会，并出版一卷年度会议文集。它还常年组织空间法模拟法庭竞赛和其他活动。IISL是外空委的常驻观察员，近年来联合举办了外空委LSC会议第一天的专题讨论会。www. iislweb. org

（8）国际标准化组织

ISO总部设在瑞士日内瓦，是一个独立的组织，拥有163个国家标准机构成员。通过其成员，它招集专家，分享知识，制定自愿、基于共识并且与市场相关的国际标准，以支持创新并为全球性挑战提供解决方案。ISO设有一个飞机和航天飞行器常设技术委员会（TC20），以及空间数据和信息传输系统小组委员会（SC13）和空间系统与运行小组委员会（SC14）。www. iso. org/

（9）开放地理空间联盟

OGC是一个会员制的非营利性组织，致力于为国际地理空间界制定和发布开源标准。它的成员包括空间、航空和地面遥感产业的私营部门代表，政府机构，学术机构，研究机构和非政府组织（NGO）。OGC通过一个协商一致的程序，为地理空间数据的互操作性和共享制定标准，无论什么样的数据源。目前其成员包括全球500多个组织。www. opengeospatial. org

（10）卫星产业协会

卫星产业协会（SIA）是一个代表商业卫星产业的美国贸易协会。SIA成立于1995年，由美国几个主要的卫星公司组成，作为一个论坛，就共同的业务、监管和政策利益进行讨论，并确立全行业的立场。SIA成立了多个活跃的工作组，涉及一系列的政策问题，包括政府服务、公共安全、出口管制政策、国际贸易问题和监管问题（卫星许可证、频谱分配和监管政策）。SIA 现在是华盛顿特区公认的美国卫星产业协调中心，负责游说国会山和白宫、联邦通信委员会，以及众多行政部门和机构的关键政策制定者，主张自己的产业立场。http：//www.sia.org/

（11）空间频率协调组

SFCG 由包括空间机构和国际组织在内的成员机构组成，非正式地制定决议和建议，提出防止和减轻射频干扰风险的技术和行政协议。SFCG 建议的有效性取决于成员是否自愿接受和执行。www.sfcgonline.org/

马斯兰·奥斯曼

博士

前联合国外层空间事务办公室主任

引 言

空间政策和管理体制是一个国家对其航天事业进行治理的重要方面。这种权威性结构使得这样一件事情成为可能，即对太空参与者及其活动进行管理，令其与国家的发展目标相一致，并符合国家所应负有的国际监管义务。

本章讨论国家空间政策，其目的是确定不同参与者和利益攸关方的角色和责任。它阐明了构成航天事业生态系统的各种组成部分，尤其包括私营部门的投资、非政府实体和民间团体的利益、科学技术的基础作用以及对进出口的管制。

同时，在一个国家所应负有的国际义务的背景下，有必要建立一个国家监管体系。本章阐述了各种监管机构的管辖权，涵盖了许可、频率管理、出口管制、合同、争议和责任。

本章末尾给出了一个遥感案例，说明了协调政策和监管的必要性。

本章所涉及的问题是一个国家在复杂的航天事业管理方面所承担的众多任务的一部分。25 年前，当我发起马来西亚国家空间计划时，这些事情都被秘密笼罩着，对我来说是一个很大的困扰。今天，新的太空事业参与者将从本手册提供的指导中受益匪浅。

第二章　国家空间政策与管理

本章概述了各国如何以及为什么通过政策和规则建立空间活动的国家框架。政策是用来指导决策和行动的一个或一套原则。

在政府的语境中，“公共政策”指的是政府为什么、如何以及在何种程度上采取特定的行动或不采取行动。公共政策决策通常涉及权衡竞争性选择所带来的潜在积极和消极影响。由于许多不同的利益集团和政治行为者的参与，他们在决策过程中有着相互竞争的观点，这些决策变得更加复杂。与之相应，“公共管理”就是通过政府官僚机构的组织、计划与机制的建立，以及服务和活动的日常运行来执行政策。

本章分为两个主要部分。第一部分着重介绍国家框架的公共政策方面，包括制定空间政策的各种方式，各国为什么要制定国家政策，空间与科学、技术和创新政策之间的关系，以及国际合作的作用。第二部分着重介绍公共管理，国家如何通过监管和行政结构来贯彻自己的国家政策和国际义务。

（一）公共政策

政策可以通过许多不同的方法来建立，其中一些方法可能是相互影响的。制定政策的一种方式是依据一国受其约束的双边或多边国际条约和协定。国家政策可以通过政府内部委员会或立法等正式决策过程明确地制定，也可以通过选择非特定的途径来隐含地建立，并且可以通过能影响决策和选择的文化或意识形态背景来体现。在行政和立法权力分离的国家，政策可能不一致，甚至可能是相互矛盾的。

在空间方面，政策可以采取多种不同的形式。一些国家选择制定国家空间政策，这可能附带也可能不附带涉及发射、通信或遥感等特定空间部门的窄域政策。其他国家则选择在机构层面制定政策，或者通过立法来建立具体的计划和项目。令国家空间政策或战略（即政府阐明国家空间目标和优先事项的文件）能够公开获取，是表明国家空间计划的意图和优先事项的一种方式。这样还能显示出有多少预算会投入到国家的空间活动中，能从总体上提高透明度。此外，制定国家空间政策或战略会迫使政府对其空间计划的优先事项和目标进行政府间讨论，然后这些信息可用于引导国家和国际讨论。以下各节概述空间政策的不同用途和共性要素。

1. 理念、目标和原则

国家空间政策为国家选择参与空间活动提供了理论基础。不同国家参与空间活动的理由和动机可能大不相同。一些国家选择从事全方位的空间活动和空间能力建设，遍及商业、民用和国家安全领域，而另一些国家选择专注于或不进行特定类型的空间活动。在某些情况下，这种选择可能反映了一个国家对和平利用空间意味着什么这一问题的特定理解，或者反映了一个国家与其私营部门的关系和相关意识形态。明确和公开地界定空间活动的理念也可能是这样一种战略的一部分，即促进对支持空间活动的资金和资源的内部政治支持。

国家空间政策还对国家选择从事的空间活动提出了目标，这样做的原因是为国家所追求的目标提供高层次的指导。这些目标可以是具体的，比如在一定的时间内完成某项任务，也可以是宽泛的，比如提高国家声望。明确地阐述这些目标不仅向其他国家给出了一个信号，而且有助于产生对具体空间活动和计划的国家支持和激励。

案例研究：阿联酋火星任务

2014 年 7 月，阿拉伯联合酋长国（UAE）政府宣布，它打算开发并发射一个机器人航天器进入火星轨道。这项计划标志着阿联酋要雄心勃勃地扩展其空间活动，此前阿联酋空间活动一直侧重于遥感和通信领域，这也与阿联酋航天局的成立相关。阿联酋对火星科学探测项目的承诺包含了许多能从政府的空间计划中找到的典型目标和驱动力。

阿联酋官员描述了该项目的三个主要动机：象征意义和灵感；作为知识和技能发展的催化剂；为阿联酋的国内航天产业提供一个锚定项目。这个航天器的发射将具有象征性的重要意义，因为它计划在 2021 年抵达火星，恰逢阿联酋独立 50 周年。这次任务也被命名为“希望”，明确地传递出乐观的信息。阿联酋已经为该任务确定了具体的科学目标，并让国内大学参与科学活动的实施。按照计划，该航天器和相关的任务支持部件将完全由阿联酋公民制造，该计划将雇用多达 150 人。

尽管该计划由阿联酋主导，但它也表明了国际伙伴在实施国家空间计划中经常发挥的作用。该航天器将由日本运载火箭发射，阿联酋政府已经与其他国家（包括美国和俄罗斯）签订了几项合作协议，以交换有关火星科学和探索的信息。依据这些协议，阿联酋正在为其科学家和工程师寻求培训和知识开发的机会。为此，阿联酋航天局还与洛克希德·马丁公司签订了一项协议，根据该协议，将为学生和年轻的专业人员提供一个空间相关的技能培训计划，尽管这个计划不仅仅与该火星任务有关，但它表明阿联酋重视将空间开发与科技能力建设联系起来。

国家空间政策还可以明确国家开展空间活动的原则。这些原则可以用于重申或表明一个国家对国际协定和条约的遵守，并展现出具有历史、文化或思想基础的国家原则。国家空间政策的原则也可以为国家安全、商业航天等特定部门的较低层级的政府政策奠定基础。

建议在开展新的空间活动前，最好衡量其提案是否符合国家的空间政策和原则。如果存在严重的不兼容性，则需要在规划过程中提出解决策略。

2. 政府角色与职责

国家空间政策的第二个主要用途是界定各政府机构和实体的角色与职责，以履行第一章所讨论的根据国际框架所承担的国家义务。各国需要将责任分配给各个政府机构，以履行诸如管理和许可通信卫星使用的无线电频率、许可遥感卫星以及维护空间物体的国家登记册等职能。

各国在如何分配角色和责任上有多种选择。一些国家选择将其所有空间活动归口于一个组织机构，但更常见的是，有多个政府实体各自负责一部分空间活动或监管职能。这种分工是比较实用的，例如根据机构的专长划分它们的许可审批职能。这种分工也可以用于民用和国家安全空间活动，以便在保护敏感的技术和能力的同时，更容易得到公众的认可和开展国际合作。

国家空间政策也可用于指导国家机构或实体之间的协调。如果在多个政府机构之间划分角色和职责，通常需要其中一些机构与其他实体协调它们的活动。这种协调可能不会自然发生，因为它可能涉及权力、控制和预算方面的斗争。空间政策可用于指导在职责重叠的情况下与其他机构的协调，或直接与私营部门或国际实体协调，以实现政策目标和原则。

政府制定国家空间政策的决策过程很重要，而且可能因国家而异。政府内部的决策过程有助于确保与空间有关的政策与更宏观的政策目标相一致，例如外交政策或创新政策目标。单独的政府机构或实体在没有其他利益攸关方（包括私营部门）的协作与投入的情况下作出的决策很可能是次优的决策。这是因为商业、民用和国家安全等各类空间活动之间的界限正日益变得模糊。大多数空间技术是两用的，在控制空间技术的获取以最小化国家安全风险和增加空间技术的获取以最大化其社会经济效益之间，政策决定需要找到平衡点。因此，与空间活动有关的政策决定往往是主要政府机构和实体的协调与合作的产物，并可能由于代表政府内外其他利益攸关方的咨询机构的介入而受益。

对于新的太空参与者来说，国家政策和责任的行政实施是很重要的。新的国家参与者应决定如何更好地履行其国际义务，同时推进其国家优先事项。

虽然每个国家的国家空间政策都是其政治、文化和优先事项的独特反映，但在众多的国家空间政策中亦会有一些共同的主题。这些主题反映了各国面临的共同挑战，以及他们试图通过其国家空间政策推动的优先事项。

3. 空间在科学、技术和创新政策中的作用

美国和印度等老牌航天国家（space nation）所获取的重大社会经济效益，被认为是新兴航天国家对空间进行初始投资的主要动力。空间活动往往与国家科学、技术和创新（STI）政策的宏观战略目标有关，可能包括对基础科学、研究与开发（R&D）的大量投资，其目标是在不限于空间的更多领域对国民经济做出贡献。在这方面，政府的空间政策可以是 STI 政策的子集，空间也可以是能源、航空、公共卫生和计算机等其他几个目标创新领域之一。

STI 政策主要关注涉及教育、基础和应用科学、技术和创新的政府、学术界和产业界参与者之间的互动。在不同的参与者之间协调 STI 相关的工作通常是一项重大挑战，这个生态系统内的参与者整合创新产品或流程也是如此。克服从基础研究到商业应用之间的鸿沟是一项非同寻常的挑战，这个鸿沟有时被称为“死亡之谷”。在这方面，STI 政策不仅要设法激励创新（如知识产权规则、竞争性拨款或奖励），同时也要发展可以支撑创新活动度过不同的发展阶段的机制，从而产生预期的经济优势。

举个例子，墨西哥的国家创新计划强调了创新对实现可持续经济增长的价值，以及联邦和州一级制定政策以发展生产力创新生态系统的必要性。提高制造业和服务业的生产力和竞争力是主要目标。在空间方面，墨西哥制定了联邦和州一级的一系列政策和计划，以促进这一领域的创新，例如建立航空航天集群以吸引外国投资，并

提高航空航天公司在全球市场的竞争力。

STI 政策中通常包含的主要目标之一是通过投资科学、技术、工程和数学（STEM）教育来开发高技能劳动力。人力资本的开发被认为是产业政策的基础，是发展利基能力和减少技术工人或高学历劳动者外流的努力的一部分，以减少“人才流失”。例如，马来西亚将发展知识经济作为国家政治目标，这是其成立国家航天局的主要动力。该机构负责实现“利用空间作为创造知识、财富和社会福祉的平台”的愿景。这种动机也反映在许多国家寻求伙伴关系的实践中，其含有以构建人力资本和提高国家技术能力为目标的能力建设成分。

将空间活动置于宏观的 STI 框架内，有助于解答关于这些活动的长期目标、它们与其他科学和技术工作的关系，以及如何更好地协调政府和非政府工作等关键问题。

4. 国际合作

国际空间合作是大多数空间计划的重要内容。根据不同的目标，这种合作可以采取多种形式，例如国际或区域的多边合作，以及与个别国家的双边合作。根据合作的形式，各国可以指定特定的机构作为主要代表，但活动可以涉及其他机构或部门，以及产业界或学术界的非政府代表。

在多边合作中，积极参与重要的空间论坛通常被认为是合作活动的基本内容，例如联合国和平利用外层空间委员会（COPUOS）、国际电信联盟（ITU），以及在具体应用领域进行合作的相关论坛（如地球观测组织）。各国将其看作既能发挥领导作用，又能确保其观点在国际相关交流中得到展示的一种方式，同时也是分享其空间活动信息和了解他国空间活动的一种方式。因此，这种参与也可能会影响国家一级的政策讨论。

在区域或双边合作中，各国可采用多种机制使关系正式化，无论是发表联合公告或声明、签署合作协议共同开展具体活动或交换数据、将机构或财政资源汇集到一个合作计划中，还是采取其他方法。区域空间合作组织也已成为在区域一级增进空间活动合作和协调的一种方式。例如，亚太地区空间机构论坛（APRSAF）寻求与来自 40 多个国家的机构一起推动亚太地区的空间活动。

详尽描述参与者为促成国际合作而采取的多种机制超出了本节的范围，但一个重要的见解是，国际合作很少是随意为之，它往往是宏观的政策和战略考量的一部分。国际合作通常被认为既是一种机制又是一个目标，因此它可能在政策文件占重要地位。作为一种机制，空间合作使参与者能够在计划的开展中利用他人的专业知识、投资和资源，无论是通过直接获取硬件，还是联合开发技术能力。

国际合作也可以由宏观的政策目标来推动，并成为推进外交政策、创新或贸易政策目标的战略的一部分。在新兴的航天国家，这两个方面可能紧密联系在一起。例如，智利的空间政策将国际空间合作确定为促进人力资本和创新等优先领域发展的一项关键举措。对于智利和拉丁美洲及加勒比海地区的其他国家来说，国际合作特别是双边和区域合作，被视为一个优先事项，以扩大有限的资源并支持相关的战略和政治目标。

有些国家已将国际空间合作作为促进与其他国家建立积极关系的补充措施。例如，2008 年一份关于拉丁美洲及加勒比海地区的政策文件描述了中国与该地区国家接触的目标，其中包括与委内瑞拉和玻利维亚的伙伴关系。

在这方面，国家空间政策可以详细说明国际合作努力的目标和优先事项，这是一种有助于向其他人表明政府在空间方面的优先事项和目标的机制，提高了与伙伴国开展活动的透明度，并吸引新的参与者寻求机会以加入其中。

5. 出口管制与技术转让

在进行出口管制时，一个根本性问题是，随着进入空间的机会增加以及私营部门在太空中的作用不断扩大，一个国家如何在控制军事敏感技术的扩散与商业发展和创新之间取得平衡呢？在支持和推动空间产业基地——许多国家空间战略的目标——的同时，这样做尤其具有挑战性，因为出口管制被认为是确保国家安全、保持稳定和可预测的空间环境的必要组成部分。一边是效率和商业利益，另一边是国家安全，这种平衡是很难实现的；另一种看待这个问题的方式是，将其作为促进创新同时最小化风险的更大议题的一部分。

牢记第一章所讨论的出口管制的国际方面：国家一级的出口管制对发展是极具挑战性的。因此，只有在与包括产业界等所有利益攸关方进行了充分讨论，并且在政府对出口管制要保护的是什么已经建立了深入的认识后，出口管制才应实施。如果没有利益攸关方的投入，国内产业可能遭受不适当的损害，对一个国家的国家安全几乎没有好处。各国必须注意意想不到的后果，例如，在出口管制发生变化，从而给航天产业中的小型实体造成新的负担时，就会看到这种情况。政府在制定有关一个产业的规章制度时，尽可能广泛地开展对话，并且要与产业界进行公开对话，以确保问题的所有方面都得到周全考虑，这一点是非常重要的。

维护一份受控技术清单是一项挑战，特别是对于空间技术，其中许多是军民两用技术。出口管制的一个症结是，技术发展往往比法律制度快。这一点在软件开发方面就可以看出来，本质上在保护过时技术的出口法规能有多大帮助？另一个重要问题是，出口管制的性质是试图控制技术或商品本身，并不管它们是如何使用的。这有悖于在处理军民两用空间技术中得到的一个新教训，即将重点放在行为和使用上比放在技术本身之上更重要。

太空领域新的国家参与者应该考虑如何平衡其国家安全关切和促进国内工业与创新方面的立场。对于非政府参与者来说，必须在规划过程的早期就开始全面了解相关的出口管制制度。

6. 政府与私营部门的关系

政府在与私营部门的互动中扮演着一系列角色：监管者、客户、（技术和知识产权的）供应商、合作者和竞争者。如何演绎这些角色，对一个国家在政府计划之外的更广泛的航天产业的发展具有重大影响。除了在市场中扮演监管者的角色外，政府也通过其客户角色发挥着相当大的影响力。各国政府必须意识到，它们在通过采购商品和服务来吸引私营部门方面所作出的选择会影响到产业的发展，以及政府空间战略和计划的演变。

政府可以选择完全不让私营部门参与，只在内部发展所需的能力或业务。有几种情况可以采用这种方法：一是私营部门可能不具备这种能力，二是已经确定这种能力的发展被视为政府的核心职能(例如，用于国家安全目的的能力)，三是这种能力提供的是公共服务。在内部发展能力使政府能够完全控制项目的执行以及开发的任何知识产权。它有助于政府掌握最新的技术，以及政府人员继续参与项目的执行。然而，与完全的私营业务相比，政府内部运行也有缺点，包括缺乏透明度以及潜在的成本和效率问题。各国政府必须持续关注私营部门可能正在发展的相关能力，以便确保在可比能力方面现行做法仍保持领先。

通过分包所需的能力，政府能够促进私营部门的市场竞争，理论上能支持更广泛的经济发展目标。竞争也可能产生比在政府内部完成开发工作更具创新性的解决方案。一般而言，相对于在政府内部发展能力，与私营部门签订分包合同是为了以更具成本效益和更高效的方式提供所需的能力。然而，分包会同时增加政府和私营部门实体的行政成本，特别是在管理和绩效监督方面。虽然合同通常会为政府提供一定程度的监督权和能力，以规定质量水平、性能属性和执行时间表，但相对于在政府内部开发，分包过程本质上是在一定程度上放弃了对能力开发过程的控制。分包也可能在政府和接受合同的公司之间产生依赖关系。政府可能会发现自己在关键能力上依赖一个或几个供应商，而公司可能会发现自己依赖政府作为关键的收入来源。

部分由于这些弊端的影响，各国政府越来越多地运用基于公私伙伴关系的方法来吸引私营部门。公私合作的方法通常寻求以这样一种方式来发展能力，即政府和参与的私营部门实体为活动的成功而共同投资。通常，政府会提出需求和一些基本要求，并分配一定数额的资金。要获取的能力是商业部门用以满足非政府需求的，政府的资金将由商业部门提供的投资和资本加以补充。这类项目中政府对项目执行的控制较少，但能以比传统承包更低的成本获取能力。私营部门的参与者需要投入自有资金，但它们能够保留产品和相关的知识产权的所有权。

这种形式的活动还可用于促进需要政府支持以克服初始研发成本问题的能力的发展。

各国政府也可以采购纯商业化的能力。在这种方式中，私营部门通常采用产品目录的方式以标准价格提供产品。政府可以在市场交易中购买这些产品，这与企业之间的销售没什么不同。这种类型的交易比分包合同方式具有更低的行政负担，它们通常用于购买散装货物和大宗商品。政府能够快速有效地采购所需物品，但无法明确开发过程的细节。

政府可以选择通过拨款而不是分包来获得能力。拨款通常用于政府想获取研究或技术开发服务、活动或成果的情况。拨款在执行和活动范围上提供了很大的灵活性，并且非常适合于以研究而非运营为目的的活动。拨款通常会规定研究的主题以及交付结果的一般时间表。这些拨款项目一般不向政府提供详细确定技术路径或方法的能力，也不要求获得资助者频繁进行报告。

对于新的参与者，无论是新进入太空的国家还是非政府的私人参与者，一条重要的指导原则是，政府关于私人或商业航天部门的政策将对这些私人航天企业的商业机会产生重大影响。

案例研究：英国卫星应用弹射器（Catapult）

“英国卫星应用弹射器”是由英国政府于 2013 年 5 月建立的，目的是通过支持卫星应用的开发、商业化和推广来促进英国经济的增长。根据其 2015—2020 年交付计划描述，弹射器（如图 7 所示）

旨在促进卫星应用和技术开发，帮助国内产业界“更快地将新产品和服务推向市场”。卫星应用弹射器是英国运行的11个弹射器之一，每个弹射器侧重于不同的技术和应用领域。弹射器以一种私人的、非营利的研究机构模式运作。它由董事会管理，其中包括英国航天局（UKSA）和创新英国（Innovate UK，一个致力于促进技术和经济发展的政府机构）的代表。

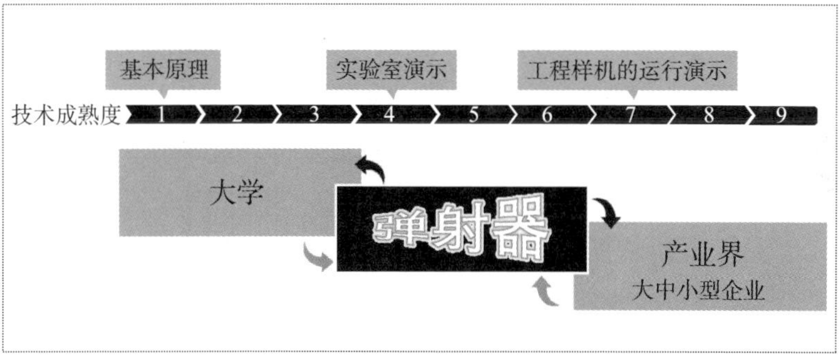

图7　英国卫星应用弹射器

（改编自卫星应用弹射器彼得堡工业日展示会，2015年2月）

建立全英弹射器网络是为了促进创新和提高英国产业界对政府部门（具有强大的国家基础研究力量）的产出进行商业化的能力。2014年11月，英国政府公布了《英国空间创新与增长战略增长行动计划》。该计划设定了一个目标，即英国航天产业年收入要从2014年10月的113亿英镑增加到2030年的400亿英镑。此后，卫星应用弹射器被定位为英国政府为实现这一收入目标而采取的几种策略之一。

弹射器将增加出口视为实现这一增长的关键因素。为此，它的计划支持基于卫星应用的产品研发。弹射器致力于与公司和学术界合作，使产品或技术从基础研究向主动的商业化推进，跨越所谓的“死亡之谷”。“死亡之谷”是指开发者在基础研究阶段向商业化阶段推进过程中经常遇到的可用资金和资源缺口。

弹射器本身不是一个资助机构，它不向产业界或学术界提供直接拨款或融资。相反，它为那些寻求开发和商业化卫星应用的英国公司提供技术、网络和设施资源。弹射器在其中心校区保有一些技术设施，包括实验室、测试设备和计算系统，可以使用这些设施进行开发活动，也可以租用。该组织定期举办商业网络研讨会等活动，并致力于将英国企业与外国合作伙伴和商业机会连接起来。它积极帮助英国公司筹集私人资本，并与太空天使网络这样的资金机构保持联系。弹射器还帮助英国公司发现与其商业目标相关的知识产权和人力资源。弹射器还可能与公司合作，寻求特定的商业机会，根据现有的资金来源共同开发卫星应用项目。

7. 财产权

空间物体的所有权和控制权受到发射并且登记该空间物体国家的保护，该国家可以将保护扩展到其国民。这些权利也可适用于促使发射国。其他有形财产权则比较不确定。

例如，国际法中没有明确规定在卫星销售或转让的情况下将管辖权转移给非发射国的机制。登记国通常也是发射国。从一个国家的登记册注销登记并随后在新的国家登记册重新登记，似乎是明确和透明地转移国家管辖权的唯一可行途径。第一章中空间物体的登记一节指出了一条相应的途径。

关于资源权，虽然可以获得太空物质的样本，但是对于在空间开采自然资源的商业权利却存在广泛争议，并且迄今为止尚未得到检验。由于《外层空间条约》禁止对任何天体提出主权要求，各国实际上被禁止对任何地球以外的不动产授予所有权。然而，国家保留对其国民的管辖权，这意味着国家有权保护其国民的商业经营不受具有相同国籍的其他人的干涉。这是美国在制定《2015 美国商业航天发射竞争法案》时采用的策略。

由于对《外层空间条约》中禁止“占有（appropriation）”的含义理解不同，关于从天体开采的物质的权利的讨论变得非常复杂。

一些人认为，这意味着禁止对任何地外物质取得财产权。另一些人则认为，利用从天体提取或获取的资源，如表土或水，与取得天体本身的所有权之间存在明显的区别。鉴于美国、俄罗斯和日本都从天体获得过物质，将其送回地球，并行使了完全的所有权和控制权，说明任何禁令在实践中都不是绝对的。

那么在不久的将来，从其他天体获得的物质的财产权似乎将在很大程度上取决于国家立法，而且这些权利将只属于该立法国的属地和属人管辖范围。需要提醒的是，为出口地外物质或其衍生产品而制定的商业计划，应该确保预期出口市场的主权国家允许销售此类物质和产品。在知识产权方面，不存在空间活动特有的规则。一般来说，这些规则与那些适用于地面活动的规则是一样的。

（二）公共管理与国家监管

如前一章所述，各国对其国民的空间活动所造成的损害承担着国际义务和赔偿责任。它们还负责监督本国的空间活动，包括由非政府参与者开展的空间活动。各国通过国家立法和建立规章制度来履行这些国际法律义务。如本章前面所讨论的，根据其政策原则和目标，政府可通过一些国内行政手段或方法来对政府和非政府的空间活动进行监管。

1. 国家监管机构

《外层空间条约》规定，各缔约国有义务授权、许可并持续监督本国的空间活动以符合国际法，但各国政府可自行决定由哪些机构负责执行这一规定。在一些国家，这些责任由几个不同的机构分担。

例如在美国，联邦航空局（FAA）负责商业发射，联邦通信委员会（FCC）负责电信和频率分配，国家海洋和大气管理局（NOAA）管理遥感，国务院和商务部共同承担出口管制责任。**明确哪个机构负责哪些活动可以消除监管制度中的缺口和冗余。**

2. 许可

许可是国家批准和规范其政府或非政府的空间活动的标准方法。

个体参与者在进行空间活动之前必须遵守取得国家许可的要求。所需许可的类型可能有所不同：发射许可、频率使用许可、遥感许可、广播许可等。获得这些许可的条件可以包括科学、技术、环境、安全、保险和债务偿付能力等要求。在大多数情况下，私营部门的空间活动需要得到肯定的确认（即许可）之后才能进行。这与许多非空间领域不同，在这些领域中私营部门的活动通常默认是允许的，只有特定类型的活动，例如那些特别危险或有害的活动，需要得到许可才能进行。

对于成功和负责任的空间运营来说，理解所适用法律有关许可的要求极其重要。

3. 国家空间物体登记

根据《外层空间条约》和《登记公约》，各国通过将空间物体列入国家登记册来主张对其空间物体的所有权。这种所有权是双重的，包括管辖权和控制权。管辖权是制定和执行法律、进行理赔的法定权力，由国家拥有。控制权是一种操作权力，类似于对空间物体的指挥。《外层空间条约》第八条赋予这些权利：

> 凡登记把实体射入外层空间的缔约国对留置于外层空间或天体的该实体及其所载人员，应仍保持管辖及控制权。射入外层空间的实体，包括降落于或建造于天体的实体，及其组成部分的所有权，不因实体等出现于外层空间或天体，或返回地球，而受影响。该实体或组成部分，若在其所登记的缔约国境外寻获，应送还该缔约国；如经请求，在送还实体前，该缔约国应先提出证明资料。

虽然《外层空间条约》赋予各国主张管辖和控制的权力和方法，但并没有对此作强制规定；后来，1975 年的《登记公约》要求和强制各国建立国家空间物体登记册。对于《登记公约》的缔约国，第二条要求建立一个国家登记册，并向联合国秘书长通报这种登记册的建立情况。

国家登记册通常是通过立法设立的，要么作为一般空间法的一部分，要么专门为建立这种登记册而立法，如阿根廷、荷兰和意大利即为后者。国家登记册也可以通过行政法令或由被授权建立国家登记册的机构在其规章范围内建立。

截至2017年，有63个国家签署了1975年《登记公约》，其中31个国家建立了国家空间物体登记册，并向联合国作了通报。欧洲空间局（ESA）和欧洲气象卫星开发组织（EUMETSAT）也建立了登记册。表3列出了空间物体国家登记册以及维护其国家登记册的政府机构。一些国家把这项任务交给国家航天局，另一些则交给联邦航空局，即使它们有国家航天局，比如德国就是这样。

对于希望对空间物体行使管辖权和控制权的国家，建立和维护空间物体国家登记册是主张和巩固管辖权的可靠方法。建立和维护这种登记册也是国家的责任。对于非政府参与者来说，尽职调查和遵守政府监管可能包括确定将在哪个国家登记其航天器，并向该国管理机构提供其航天器和活动的相关信息。

表3　空间物体国家登记册

国家	OST	REG	登记册管理机构
阿根廷	√	√	阿根廷国家空间活动委员会(CONAE)
澳大利亚	√	√	澳大利亚空间许可和安全办公室
奥地利	√	√	运输、创新和技术部
白俄罗斯	√	√	国家科学院(NASB)
比利时	√	√	比利时科技政策办公室(BELSPO)
巴西	√	√	巴西航天局(AEB)
加拿大	√	√	加拿大航天局(CSA)
智利	√	√	外交部—国际与人类安全司
中国	√	√	中国国家航天局(CNSA)
捷克共和国	√	√	捷克交通部
法国	√	√	国家空间研究中心(CNES)

续表

国家	OST	REG	登记册管理机构
德国	√	√	联邦航空局(LBA)
希腊	√	√	希腊外交部
印度	√	√	交通部—无线规划与协调部
意大利	√	√	意大利航天局(ASI)
日本	√	√	文部科学省(MEXT)
哈萨克斯坦	√	√	投资和发展部—航空航天委员会(KazCosmos)
墨西哥	√	√	墨西哥航天局—航天相关的安全和国际事务总协调办公室
荷兰	√	√	经济事务部—电信局
朝鲜	√	√	国家航空航天发展管理局
挪威	√	√	挪威航天中心(NSC)
巴基斯坦	√	√	巴基斯坦空间与高层大气研究委员会(SUPARCO)
秘鲁	√	√	国家航空航天研究与发展中心(CONIDA)
俄罗斯	√	√	俄罗斯联邦航天局(Roscosmos)
斯洛伐克	√	√	教育、科学、研究和体育部—高等教育、科学与研究局
南非	√	√	贸易与工业部—南非空间事务委员会
韩国	√	√	科学、信息与通信技术、未来规划部(MSIP)
西班牙	√	√	外交部国际经济关系司
乌克兰	√	√	乌克兰国家航天局(NSAU)
英国	√	√	英国航天局(UKSA)
美国	√	√	国务院—海洋、国际环境与科学事务局

注:OST—《外层空间条约》;REG—《登记公约》。

4. 保险要求

为了确保从事空间活动的实体能够在发生国际责任的情况下对国家作出赔偿，并且（或者）能够支付本国国民的索赔，许多国家要求从事空间活动的实体购买相应保险。在研发成本和发射成本之后，保险费通常是与卫星活动相关的第三高的成本，因此在规划太空冒险时需要认真考虑。例如，澳大利亚、巴西、法国、日本、韩国、英国和美国都要求购买不同程度的保险，如表 4 所示。

表 4 一些航天国家的赔偿制度

国家	制度	第三者责任金额	备注
澳大利亚	1998 年《空间活动法》	7.5 亿澳元或最大可能损失	澳大利亚国民的索赔限额为 30 亿澳元
巴西	《关于巴西领土商业发射活动的决议》(2001 年 1 月 26 日第 51 号);《关于在巴西领土上进行发射的空间活动许可证的申请、评估、颁发、跟踪与监管的程序和必要要求的定义的条例》(第 27 号)	没有固定数额	
法国	2008 年《法国空间活动法》(2010 年 12 月 10 日生效)	6 000 万欧元	
日本	《关于日本航空航天探索机构的法律》,第 161 号法,2002 年 12 月 13 日	200 亿日元(H-2A);50 亿日元(小型火箭,例如 Epsilon)	保险金额取决于具体的运载火箭
韩国	《空间责任法》(韩国),第 8852 号法,2007 年 12 月 21 日	最高 2 000 亿韩元	
英国	1986 年《外层空间法》(2015 年 10 月 1 日修订)	6 000 万欧元	对于“涉及使用已有的运载器、卫星平台和操作剖面的单个卫星任务”的情况,运营商第三方责任最高限额为 6 000 万欧元
美国	《美国法典》第 509 章:商业太空发射活动	最高 5 亿美元,基于每个任务最大的可能损失计算	任何超过保险金额的索赔,由美国政府代表被许可人支付,最高法定数额为 15 亿美元(以国会拨款为准)

5. 豁免

对于太空活动，可以采用多种不同形式的豁免。交叉豁免是当事人之间的一种法律协议，双方相互约定，对于所遭受的任何损害不追究对方的责任。交叉豁免责任在航天产业中经常使用，可能在发射供应商和运营商之间，也可能在承包商和分包商之间使用。豁免的作用是使项目可能面临的责任风险更容易考虑和计算。

在监管层面上，为免除运营商遵守在其卫星发射后才制定的法规的责任，可以给予相应豁免。这种类型的豁免也可以称为“变化”豁免。或者，运营商可以申请豁免遵守他们认为过重或具有国家安全性质的法规。监管机构可通过授予豁免权来允许一个产业进行创新。

6. 国家频率管理和广播

国际电信联盟负责国际一级的频率分配和协调，如第一章的国际频率管理中介绍的那样。国家行政管理机构通常通过许可和国家频率表来分配国内一级的频率使用。例如，印度通信和信息技术部管理其国家频率分配，英国的通信办公室（Ofcom）提供射频使用许可证。在美国，联邦通信委员会（FCC）协调非联邦级的频率使用，而国家电信和信息管理局（NTIA）协调联邦级的频谱使用。

除了处理频率问题，这些管理机构还可以不断加强其他的最佳实践。例如，为了从 FCC 获得使用频率的授权，美国商业卫星运营商必须提交符合国际公认的碎片减缓准则的轨道碎片减缓计划。有关广播的法律和规章不只局限于天基服务，还可包括诸如有线电视等其他部门。从事天基广播活动的任何实体都必须遵守有关广播的国家规则。例如，在加拿大，从事广播业务的公司需要广播一定数量的加拿大内容。国家监管机构还可能对遥感实施分辨率限制，或对发射功率进行限制。

频谱管理是政府监管职责的一部分。这种规划功能允许频谱分配，根据国家政策、频谱的技术特征和国际协议，将频带的使用权授予特定用户。这种分配过程有助于确保以可持续的方式管理和使用频谱，同时限制频谱使用所造成的有害干扰。其次，频谱工程是一项监管职能，为那些其频率会影响无线电频谱或受无线电频谱影响的设备制定技术标准。最后，还有频谱合规性，这涉及监控射频频谱的使用，以确定用户是否遵守技术标准和频率分配。

7. 出口管制和技术转让管理

各国执行出口管制措施，以履行对不扩散制度的国际承诺，加强地区稳定，并确保国家安全利益。各国必须决定如何实施出口管制法律。

为了可靠地控制出口，一个国家必须建立相应的法律权威，这样做应符合六项原则：全面控制、执行指令、强制力和处罚、机构间协调、国际合作以及政府传播的敏感商业信息保护。其次，一个国家需要建立明确的监管程序，其中包括一个控制物项清单。最后，出口管制制度应当纳入强制执行措施，包括发放出口许可证的透明程序、合规机制以及对可能的非法出口的调查。

案例研究：美国的出口管制

美国有三个机构有权签发出口管制许可证：商务部、国务院和财政部。通常，出口商必须去不止一个机构，并申请多个许可证。简化这一程序，由单一的许可机构负责是有意义的，尽管这将是一项复杂的任务，实施起来也面临挑战。

美国国务院管理着或许是最知名的出口管制制度——《国际武器贸易条例》(ITAR)，这是一套美国政府的条例，控制美国军需品清单（USML）中与防务有关的物品和服务的进出口。商业机构必须向美国国务院国防贸易管制局（DDTC）登记其产品，对于USML上的硬件或可以出口的技术数据，需要申请出口许可证和获得批准。这个过程可能昂贵而漫长，并且会给商业活动增加沉重的负担，特别是对较小的公司而言。不遵守ITAR规定可能导致巨额的罚款、监禁和其他民事与刑事处罚。

卫星和相关技术对出口管制提出了重大挑战。21世纪初，因为担心向中国转让可能被用于改进弹道导弹的空间技术，美国国会通过立法，将所有卫星和空间相关的技术都列入USML。美国对卫星技术出口的更严格的控制导致外国公司开发自己的产品，并以这些产品“不受ITAR管制”进行推销，结果，美国卫星公司的全球市场份额急剧下降。在产业界的强烈推动下，国会在2012年通过了一项更新法律，授权白宫确定哪些特定的空间技术仍将保留在USML上，哪些技术将被转移到不那么繁难的商业控制清单（CCL），同时仍然禁止向特定国家出口空间技术。2014年，经过两年的机构间和公众审议，商务部宣布将一些类型的卫星和空间技术转移到了CCL。

然而，改革美国卫星出口管制的措施并没有让所有的批评者都满意。企业现在需要确定是否要向国务院或商务部申请许可证，整个系统变得更加复杂。此外，性能超过一定标准的商业卫星仍留在USML上，任何为人类居住而设计的集成了推进系统的航天器也留在了USML上。美国航天产业界与美国政府之间仍在就未来出口控制的调整与改革进行讨论。

8. 拥挤的太空

由于各国需要对本国政府的空间活动和非政府实体的空间活动负责，因此处理空间拥挤问题的国家政策和管理对于提高空间可持续性至关重要。解决拥挤问题的努力分为三大类，每一类涉及问题的不同方面：限制新的空间碎片的产生，处理已在轨的遗留空间碎片，以及尽量减小现有碎片对空间活动的负面影响。

案例研究：美国空间碎片政策与管理

在美国，国家空间政策要求所有联邦机构遵守《美国政府轨道碎片减缓标准实践》，该标准切实地反映了机构间空间碎片协调委员会（IADC）的指导方针。这些标准实践适用于所有的美国政府计划和项目，包括由美国机构直接执行的和由美国政府资助的。开展政府空间活动的各个联邦机构都有各自的指导政策和执行这些指令的框架。有些执行工作要通过机构间程序进行协调，但也有一部分活动是由机构自行决定的。

目前，美国还有三个联邦机构对非政府空间活动具有监管权，对私营部门贯彻执行《空间碎片减缓准则》。隶属于商务部的美国国家海洋和大气管理局（NOAA）有权对非政府的天基地球遥感进行许可授权。交通部下属的美国联邦航空局（FAA）拥有商业发射、再入或可重复使用的运载器、商业发射或再入设施以及商业载人航天的许可权。联邦通信委员会（FCC）则有权为非政府卫星活动提供无线电频谱许可证。

总的来说，对非政府空间活动执行《空间碎片减缓准则》是这三个机构中每一个机构的许可程序的一部分。不过，这些机构提出的要求存在差异。例如，FCC 要求被许可方同时提交在正常运营期间和任务后处置期间的碎片减缓计划，而 NOAA 要求被许可方只提交遥感卫星的任务后处置计划。FCC 还要求被许可方遵守“25 年规则”，使航天发射中的所有碎片离轨，而 FAA 未作此要求。在许可要求和规则方面的这些差异主要是由于不同的立法和政策授权导致这两个机构在降低风险的方法上存在差异。此外，目前只有 NOAA 对空间活动运营具有管理权，其他两个机构只进行发射前许可和认证。

许多国家都面临的一个难题是《空间碎片减缓准则》的潜在例外。一些长期运行的政府计划可能需要从准则的特定方面进行豁免，因为这些计划的一部分是在准则通过之前设计和实施的。各国也可能倾向于豁免一些新计划，因为担心实施这些准则将导致成本增加或运营困难。然而，广泛的豁免将对遵守准则产生消极作用，最终会对所有空间参与者产生负面影响。各国如果要对这些准则作出豁免，它们应该通过一个明确、严格的程序，其中包括高层决策者，并清楚地概括出豁免的成本和效益。

除了限制新碎片的产生之外，一些国家还制定了政策和管理办法，以尽量减小现有空间碎片对空间活动的影响。美国、俄罗斯、法国、德国和日本等国由政府机构负责监测空间物体的数量和预测可能的近距离接近。在某些情况下，这些机构这样做是为了它们国家政府的卫星，而在另一些情况下，它们这样做也是为了非政府的或外国的卫星。无论哪种情况，它们都建立了相关程序和数据共享机制，以便通知卫星运营商并协助他们评估碰撞危险和实施避让措施。

这些做法经常包括在关于太空交通管理（STM）的更大讨论中，但是目前还没有全面地实施 STM 的标准国家实践。目前，由各卫星运营商确定他们自己的风险容忍度，并以此为基础确定是否采取措施避免与另一个空间物体的接近。目前预测近距离接近和可能的在轨碰撞的技术还不够成熟，除了载人航天等特殊情况外，尚不足以支持采取强制性机动策略。

有几个国家还制定政策、建立组织来提供国家空间态势感知（SSA）能力。发展跟踪所有空间物体的能力需要一个遍布世界的相当规模的跟踪站网络。因此，大多数国家只能专注于在本国领土上发展较为有限的国家能力。在大多数情况下，它要么基于现有的国家军事或情报能力，要么基于军民两用能力。对于在国家安全界与民用航天界之间没有事先工作关系的国家，或者试图将 SSA 能力发展为纯民用的国家，这可能会带来挑战。

如何克服这一挑战可以看一下德国的例子。联邦经济事务和能源部是德国空间事务的领导实体，负责协调制定德国国家空间战略的进程。协调工作涉及德国宇航中心（DLR）和联邦国防部，前者负责执行国家空间计划，后者负责运营数颗卫星。该战略的一个组成部分是在 2009 年创建了德国空间态势感知中心，这是一个 DLR 和德国空军的联合机构。

我们建议所有国家为政府和非政府参与者执行 IADC《空间碎片减缓准则》建立相关的国家机制，如何实施取决于一个国家的具体政府结构。通常，执行工作包括针对联邦机构的政策指令、国家法律中的监管部分以及对非政府实体的许可要求。

9. 政府合同

各国政府常常与私营部门签订交付所需货物和服务的合同。合同的形式多种多样（见表5），通常都规定了要交付的货物或服务的技术和性能要求、执行时间表、执行报告要求和财务付款条件。一般来说，合同会计划支付开发与交付所需能力的成本，以及做这项业务的公司一定数量的利润或费用。

表5　常见合同类型

固定价格合同	具体、严格的服务价格和交货条件；最大限度地激励承包商控制成本；减少了政府对过程的监控；减少了对创新的激励
费用补偿合同	成本根据发生的费用和费率而变化；承包商控制成本的激励很小；可能超支；政府可对过程深入监控
时间和材料合同	成本根据发生的费用和费率而变化；难以管理所完成的工作量；最适合高度自定义的领域

10. 争议解决条款

在签订合同时，当事方会希望为可预见的和公平的争端解决订立特定的条款。联合国国际贸易法委员会（UNCITRAL）起草的《国际商事仲裁示范法》规定了通过仲裁解决争端的主要要求或要素。这些原则可以列入一项国际协定。主要要求是当事各方同意将所有（或某些）已经产生或可能由于它们之间的法律关系引起的争议提交仲裁，无论这些争议是否属于合同争议。

只有由确定的法律关系引起的索赔可通过仲裁协议解决。一般来说，这一协议会提及“因本合同而产生或与本合同有关的”索赔。这种语言表达足以涵盖与合同的订立、有效性、解释、履行、损害赔偿和终止有关的所有问题。如果侵权索赔与当事人履行相关合同义务有某种联系，则可以通过仲裁解决。

最后，还有常设仲裁法院（PCA）提出的《关于外层空间活动的争端仲裁的任择规则》。正如第一章的“仲裁与调解”所讨论的，这些规则提供了仲裁条款语言表达的示例，可以在当事方希望执行《仲裁规则》的情况下使用。如果双方同意根据该《任择规则》将争端提交PCA，则将被理解为“对于有关争端，放弃任何管辖豁免权，该当事方原本有可能享有这一权利”；适用这些规则，不必依据司法管辖将此争端定性为与外层空间明确相关。《任择规则》是以2010年《贸易法委员会仲裁规则》为基础并加以修改形成的，旨在解决参与空间活动各方的特定需求。它包含决定仲裁要素的相关语言表达，包括通知、陈述、仲裁员的人数与选择以及应遵循的程序。

11. 诉诸国内法院

当然，在商业纠纷中，诉诸国内法院是一种选择，可以是任何根据规则对争端拥有管辖权的法院。不过，一个国家是否能作为国内法院管辖的争端的当事方是另一个问题。主权豁免等问题在一个法院是否被视为对一个特定国家拥有管辖权方面发挥着重要作用。国内法院审理任何案件的首要问题是对当事人和标的物是否有管辖权。当管辖权已经确定时，原告一定会考虑在最有利的法院进行索赔。在选择法院之前，除了考虑有管辖权地区内先前的判例法外，还应考虑判决的强制执行机制的问题。

（三）深入分析：遥感政策与管理

遥感卫星40多年来一直在不断地观测地球，产生了一个关于这颗行星的数据宝库，这些数据在健康、气候和城市规划等领域有着广泛的应用。由于天基遥感与社会经济发展有着密切的联系，对于新兴的和既有的太空参与者来说，天基遥感都是一个重要的活动领域。有鉴于此，遥感是一个很有助益的研究案例，可以凸显公共政策与公共管理之间的相互作用，并能说明不同国家管理这类活动的一些做法。此外，遥感活动的新趋势（尤其是关于非政府参与者的），会体现出宏观政策的转变，值得新的太空参与者加以关注。

1. 遥感政策

与本章开头所述的公共政策的主要内容相一致，遥感政策主要寻求：

• 确定获取有关地球数据的目标和优先事项；

• 界定政府遥感活动的作用和责任以及相关的监督义务；

• 设定要求，明确私人运营商运营遥感系统必须遵循的程序；

• 制定数据政策，以管理通过这些系统的运营获取的数据的访问与分发。

遥感政策可以包含在国家级的空间政策中，也可以有专门的政策。在某些情况下，政府将在收集信息或优先应用领域方面制定具体的目标，并确定负责获取研究或业务数据集的部门或机构。特定的政府机构也可能承担运营具体系统的任务。例如，《2010 年美国国家空间政策》中的部门指南规定，美国地质调查局（USGS）和美国国家航空航天局（NASA）应合作维持一个运行的陆地遥感计划。该政策还描述了与全球陆地遥感数据集的获取、归档和分发有关的任务。

鉴于推动这些系统涌现的技术进步和第一章中讨论的国际责任，遥感政策还界定了监督非政府遥感活动的职能，确定了具体的部门或机构及其在流程中执行的任务。这些指导方针可以在相关规章、法律或部门级政策中进一步详细说明。在美国，私人空间遥感系统的许可权属于商务部长，这项任务已经委派给 NOAA 执行，其原则已纳入国家商业遥感政策。NOAA 的部门级政策规定了相关活动的指导原则，例如政府、学术界和私营部门在提供环境信息和服务方面的伙伴关系政策。

政策还会提到策划有关遥感活动管理的不同要素所必需的协调过程，除了卫星任务（研究、开发、发射、运营等）所共有的那些活动之外，还包括处理、归档和分发对地观测数据的特定任务。由于用户和利益攸关方的多样性（他们经常从这些信息中获得有价值的情报），机构协调在遥感领域尤其必要。了解这些不同用户群体的需求常常是一项具有挑战性但至关重要的任务，它可以馈入协调过程，提高对遥感计划的投资价值。

2. 监督非政府活动

快速的技术进步常常推动遥感政策的演变，尤其需要考虑到非政府来源的高分辨率成像卫星增多的情况。遥感政策主要寻求促进国家（包括商业）遥感活动的发展，以提供服务、图像/数据或增值产品，同时兼顾国家安全和外交政策利益。为此，该政策将规定允许非政府运营商运营空间遥感系统所必须满足的程序，以及对此类活动的限制。对这些系统所获取数据的访问，无论是免费的还是商业的，也会受到监督机构的特定限制。例如，加拿大2005年的《空间遥感系统法》详细规定了当一项运营许可被确定为“损害国家安全、加拿大国防、加拿大部队安全或加拿大的国际关系行为”或“违背了加拿大的国际义务”时，可以撤销或暂时吊销该运营许可的程序。在一些国家，许可证可能不会被吊销，但是运营商可能会被要求在危机或冲突期间暂时停止运营，这有时被称为“快门控制”，或者避免获取或分发被许可当局视为敏感地区的数据。

许可证通常在运营商承诺某些运营乃至处置程序之后颁发，有时在机构间审查之后颁发。例如，在NOAA商业遥感监管事务网站上可获得的美国商业遥感许可证申请表，其中强调的基本要求包括以下内容：

- **公司信息：**企业的联系信息和其他详细信息，与外国或个人签订的重要协议的说明等。
- **发射段信息：**拟定发射时间表、预期运营日期、轨道参数等。
- **空间段信息：**传感器的预期分辨率和幅宽、星上存储容量、预期寿命等。
- **地面段信息：**计划的系统数据收集和处理能力、传输频率、上行链路和下行链路的保护计划等。
- **其他信息：**包括关于计划的商业数据分发政策的财务信息、任务后（post - mission）卫星处置计划等。

3. 数据政策

数据政策是遥感政策的一个关键组成部分，因为这些政策规定了通过这些活动获取的数据的访问与分发的权利和义务。一般来说，通过向政府、学术界和私营部门的用户提供数据的方式，政策会为了科学、社会和经济效益开放大多数政府获取的遥感数据集。欧盟的哥白尼系统的数据政策是“在充分、免费和开放的基础上促进哥白尼系统的信息与数据的访问、使用和共享”，并明确地与促进经济发展和技术创新的目标联系在一起。对于双边和多边数据交换计划，则是为了促进伙伴国的运营商和用户之间共享特定的数据集，或者以这种交换助力应对共同的挑战。例如，世界气象组织（WMO）致力于促进与“涉及社会安全保障、经济福利和环境保护的事项”相关的气象及相关数据和产品的国际交流，包括那些源自天基系统的数据和产品。国家的数据开放政策，通常可作为管理政府资助数据的获取和使用的宏观政策的一部分，这些数据不限于空间的，还可以包括通过机载或原位（in - situ）平台获取的数据。

即便开放数据访问政策日渐普及，遥感政策也含有限制访问或重新分发数据集的条件的规定，尤其是出于国家安全考虑。这些不同政策要素的主要驱动力是遥感技术固有的军民两用性质，这使得其应用能够跨越民用、商业和军事领域。在一些国家（如智利），一颗单一的遥感卫星可同时满足民用和军用用户的需求，从而使其成为“两用”系统。然而，即使一颗卫星或一个系统被设计成专门为民用需求服务，该技术的两用性质仍然存在，因为其收集的数据可以聚合或重用，以应用于军事目的。

因此，为了平衡与获取潜在敏感信息有关的国家安全问题，数据政策通常为高分辨率数据或图像的分发规定了分辨率或时间限制，包括来自商业运营商和供应商的数据或图像。这些数据集的交换或重新分发可能受到附加要求的限制，并要逐案进行审查。在德国，通过“high - grade”系统获取的地球观测数据受德国天基地球遥感系统国家数据安全政策的约束，并须根据数据的“敏感度”进行分发。另外，印度2011年的遥感数据政策指出，交换优于1 m分辨率的数据时需要有特定的协议。

4. 更宽泛的政策背景

在很大程度上受技术进步的推动，数据政策及其通过许可和其他法律机制的应用，在通过多源非政府数据和服务的出现而体现出来的遥感实践的演变中，仍将是一个焦点。在遥感活动的整个价值链中，从研究和运营到数据处理和归档，非政府参与者的扩张是引发新政策和管理问题的趋势之一。另一个重要趋势是地理空间产品和服务的激增，这些产品和服务由多个数据集聚合而成，这些数据集可能来自多个数据提供者，并且常常是从各种天基、机载和原位的平台收集而来。在空间活动是政府必须监管的遥感活动的一部分的情况下，空间获得的数据和服务会受到多个政府机构的管制或监督，并受不同法律制度的管辖。例如，美国无人机系统（UAS）引发的隐私权争议开始扩大，延伸到了与小卫星有关的类似担忧，尽管这些系统目前运行在不同的法律领域。这些以及其他的进展情况表明，在一些国家，可能会出现针对应用或收集的数据类型的新规则，而不是针对特定的收集平台。在此情况下，新的太空参与者应了解这种更宽泛的政策背景，并应注意来自非太空领域的公共管理实践（包括政策、法律和管制措施）如何适用于空间活动的这一关键领域。

格雷格·威勒

OneWeb 创始人兼执行主席

引 言

地球轨道为工业、科学、政策等领域的关键应用提供了独特的优势。过去，许多人认为这种空间不动产几乎是无限的；然而，随着卫星星座的发展，很快各种轨道都将达到各自的承载极限。

运营商可以使用这些轨道，但和其他环境资源一样，他们也应该为子孙后代保护这些轨道。航天器、星座和运营设计应尽量减小航天器在其有效任务寿命期间和处置阶段产生空间碎片的机会。也许产业界会根据自愿的行为规范来确保安全的星座设计和交通管理；如果不是，则需要政府间机构加紧完成这项任务。

套用一句老话：我们不是继承地球轨道，而是借用自未来的任务！

第三章　负责任的空间运营

前两章讨论了国家空间活动相关的国际法律框架，以及各国如何制定空间政策，进行机构间协调，并通过立法、许可与授权监督和管理他们的国家空间活动。

本章着重于空间活动本身，分为发射前，发射，在轨和寿命终止等议题。因此，与前两章相比，本章也具有更多的技术性和运营性内容。对于新的太空参与者，无论是国家、初创公司，还是领导项目的学术机构和大学，当他们开始其空间活动时，本章提供了具体的指导。本章所述的最佳做法适用于那些希望在维持秩序、促进合作和确保空间活动长期可持续发展的同时，成功地开展空间运营的负责任的参与者。

（一）发射前

在卫星实际发射到太空之前，空间活动就已经开始了。除了设计和建造航天器之外，还需要考虑许多政策、法律和行政步骤。以下讨论的主题与所有的空间活动密切相关，在发射和空间运营开始之前就应予以考虑。

1. 许可证

在许多情况下，卫星运营商或其他新的参与者需要为其太空活动获得一个或多个许可证。这些许可证包括无线电频率、遥感和运载火箭操作许可。政府通常通过许可证来管理这一通道，卫星运营商在获准发射其系统之前必须获得这些许可证。此外，发射运营商也必须获得可能单独与发射活动和再入活动有关的许可证。

2. 许可证要求

许可证要求影响到空间业务的大多数方面，包括电信和遥感业务、发射服务以及地球上卫星地面站的运营。如第一章所述，颁发许可证是各国遵守其条约义务的手段之一。许可证涉及一系列问题，包括频谱接入、国家安全监督、遵守保险和安全要求，以及空间碎片减缓准则。卫星和发射运营商负责向其总部所在地或即将开展业务所在地的相关国家监管机构申请并取得许可证。负责颁发许可证的监管机构因国家和业务领域而异，可能包括国家航天机构、国家电信机构以及国家贸易或经济机构。

3. 频率许可

对于卫星的电信部分，许可证要求的主要目的是在国内和国际的基础上协调和分配射频频谱。寻求部署卫星通信系统的运营商必须申请运营该系统的许可证。由于频谱是一种有限的资源，许可程序的作用是确保获取该资源的公平性，同时提供限制卫星系统之间、卫星系统与使用相同或相近无线电频率的地面系统之间干扰的机制。

如第二章的公共管理与国家监管一节所述的，监管机构普遍地实行许可证制度，确保适合和遵守国际电信联盟（ITU）的政策和规章。在许多司法管辖区，负责向通信卫星运营商颁发许可证的监管机构同样负责该国提交 ITU 申请事务。然而，情况并非总是如此。例如英国，英国通信办公室（Ofcom）负责 ITU 的备案，而英国航天局则是许可证颁发机构。

一般而言，任何寻求通过射频频谱接收或传输数据（包括指令和控制链路）的卫星系统的运营商，必须向其相关监管机构申请许可证。在提交许可证申请时，准运营商必须向监管机构提供一系列技术和业务信息。通常，许可证申请必须包含描述该系统的技术数据，包括要使用的波段、计划的实施时间表，以及有关建造、发射和运营该系统的财务能力的信息。申请表还可能需要详细说明通过与其他运营商协调来减小潜在干扰的步骤，以及考虑到空间碎片减缓准则的任务后处置计划。

一些监管机构还要求运营商获得用于与卫星通信的地面站的许可证，包括最终用户的终端设备（传统上称为“地球站”）。地球站许可证有助于降低潜在的射频干扰，特别是对其他地面应用的干扰，还可能包括评估对其他应用（如航空）的物理干扰的规定。地球站许可证申请通常要求提供与卫星网络申请类似的技术和业务细节。对于最终用户终端，监管机构可以颁发技术上相同的设备的综合许可证。

4. 遥感许可

根据第一章讨论的国际制度，以及第二章末尾对遥感技术进行的深入分析，各国政府也可以要求商业遥感卫星运营商申请涵盖卫星系统的成像能力的许可证。这些许可证可能由与负责通信系统方面的机构分立的监管机构颁发。对遥感许可证的要求，可以确保与国家安全政策的协调。这种申请要求提交的信息可能包括系统技术细节，预计运营日期，发射信息，数据获取、访问和分发计划，数据定价政策，与外国实体的计划协议，以及任务后处置计划。遥感许可证可能对运营商规定适用条件，例如限制分辨率和限制国家领土成像的能力。

5. 发射和再入许可

提供商业发射服务的实体通常需要从一个国家权力机构获得发射许可证，它可能不同于其他负责空间相关许可证的权力机构。发射许可证可指定用于发射操作或再入操作，并且根据发射（或再入）飞行器是试验性的还是运营性的，以及它是消耗性的还是可重复使用的而具有不同的要求。

发射和再入许可证授权运营商进行一次或多次发射及再入，这些发射或再入由一组被编入许可证中的运行参数定义。运行参数通常包括但不限于：任务名称，预定发射窗口和轨迹，预定和最终轨道的有效载荷参数，地面和飞行安全计划，事故调查计划，以及再入窗口和轨迹（如果适用的话）。通常，运营商还需要提交信息，证明其计划的发射操作符合环境政策、出口管制条例和其他许可要求（例如频率和遥感），以及保险和损害赔偿责任的要求。

为了获得许可证，发射供应商可以请求获得待发射卫星的运营商的信息。获得发射许可证的过程需要多个步骤并向监管机构提交相关文件，因此，监管当局经常提供申请前咨询服务，以便运营商在启动流程之前了解所需的步骤和信息。

发射和再入许可证服务于多种目的。它们保护了公共安全利益，包括保护地面第三方的安全以及与空中交通管理职能部门的协调。许可程序使国家当局能够根据国家安全需要和其他的国家法规、要求审查预定的发射操作。发射许可程序还确保国家当局可以收集必要的信息，以满足发射的国际登记要求。

6. 许可程序：获取许可证

许可程序对颁发许可证的政府机构和作为被许可人的运营商都规定了义务。许可证批准程序通常包括机构间协调过程，期间许可证颁发机构会与可能受拟议的运营活动影响的或监管该运营活动的其他政府机构进行协商。这减少了运营商必须进行咨询的次数，从而减轻了他们的行政负担。许可证颁发机构也有义务对收到的申请进行技术和财务尽职调查。这有助于减少收到不严肃的申请的数量，并有助于防止资源（如频谱）分配给无法使用它的运营商。运营商应在许可证审批过程中准备好响应尽职调查要求。

申请许可证时，运营商应了解潜在的管理费用和处理申请所需的时间。这些费用旨在让发证机关收回与处理申请相关的成本。申请处理时间各不相同，主要取决于当局的效率和所需的机构间协调量。对于需要与国际电联（ITU）进行全面协调和审核的申请，所需的处理时间可以用年来衡量。系统部署计划必须考虑这些处理时间。

许可申请、流程和要求可能因操作域或系统类型而异。与运行在其他轨道上的系统相比，在地球静止轨道（GEO）上运行的系统有一个和其他轨道的卫星不一样的申请流程。在电信部分，固定卫星服务（FSS）、移动卫星服务（MSS）和广播卫星服务（BSS）可以有不同的许可流程。一些国家监管机构可能会对业余爱好者卫星运营商提出不那么繁琐的许可要求，而一些负责监管发射运营的机构则对试验和运营系统进行了区分。尽管国家当局可就此问题提供咨询服务，但运营商有责任确定哪类申请适用于其系统。在申请过程中，申请人还应注意到一些国家监管机构会公布申请（全部或部分），并可能允许对申请进行公开评论。这可能会对商业战略产生影响。

一旦许可证颁发下来，运营商要负责各种相关报告。许可证通常有一个有效期，之后可能需要续期申请。卫星运营商通常需要向许可证颁发机构报告系统运行或性能的任何重大变化（包括技术故障），并还可能需要提交年度性能报告。这些报告体现了许可证颁发机构对被许可人持续监督的义务。

7. 运载器的选择

在选择运载火箭时，卫星运营商尤其是新的运营商，一般会聘请一名技术顾问为选择运载火箭提供建议。技术顾问通常是经验丰富的业内资深人士，了解所涉及的各种因素。之后，卫星运营商和技术顾问会要求发射服务提供商们进行技术评估，以确定运载火箭是否能够适配该卫星运营商的特定卫星任务。具备资格的发射服务提供商都可能被邀请提交项目建议书，卫星运营商和技术顾问会从中进行选择评估。

如果卫星运营商需要发射保险（大多数运营商确实需要保险，以履行财务责任和许可要求），保险经纪人可能会与卫星运营商和拟议的发射服务提供商合作，以确定适当的保险费率。对卫星运营商而言，与发射服务提供商密切合作是非常重要的，如果可能，可在现场设立一名独立代表，参与发射服务提供商的运营。保险问题将在本章后面讨论。选择具有足够能力和适当性能裕度的运载火箭，以适应适度的卫星质量增加是很重要的。发射服务提供商不允许超出他们的限制，因为这将导致灾难性故障或部署到错误的轨道。

发射服务提供商通常会有一队的有效载荷在等待发射。进行太空发射是一项复杂的工作，需要协调许多复杂的任务，这些任务受到各种难以控制的因素的影响。运载火箭和卫星通常由数十到数百个供应商制造的部件组成。这些部件必须进行测试，以确保在卫星与运载火箭集成之前和集成期间其功能正常。通常，在测试过程中发现的任何异常都需要拆卸和进一步测试。此外，若与制造中的新卫星使用相同硬件的在轨卫星或运载火箭出现了故障，则可能要求新卫星推迟生产，直到确定那个任务的故障原因为止。尽管航天器和运载火箭如期出现在发射工位，也可能需要等待具有优先权但经历了进度延误的其他有效载荷的发射。即使站上了发射台，天气和发射场问题也可能会进一步推迟发射。所有这些因素导致了许多发射活动不会按照原定计划进行。

一个新的卫星运营商必须在财务上做好充分准备，以应对重大发射延迟产生的高额卫星储存费用和预期卫星运营收入的缺乏。

8. 集成多个有效载荷

发射服务提供商有多种方式可以将多个有效载荷集成到同一枚运载火箭中。卫星堆叠（satellite stacking）是最有效的多有效载荷发射部署形式之一。俄罗斯的质子号重型运载火箭堆叠了两颗卫星，下面的卫星通过适当的接口承载上面的卫星。或者，欧洲的阿里安-5运载火箭使用一个刚性结构的架子来承载上方卫星质量，而不是放置在下方卫星上面。

有些卫星从一开始就被设计成以高效的集群方式一起发射。法国-意大利卫星制造商泰雷兹·阿莱尼亚航天公司设计的卫星平台，例如铱星星座所采用的，可以高效地进行集群，以使用更低成本的发射方案。对于由小卫星组成的大型星座来说，从一开始就进行集群设计尤其常见，其中一些卫星可以同时发射到同一轨道平面。例如，铱星低地球轨道（LEO）通信星座被设计为拥有分布在11个轨道平面上的66颗运行卫星。除了偶尔的单颗发射外，大多数铱星卫星都是由美国、俄罗斯和中国的运载火箭四颗一组和六颗一组发射的。

对于其他卫星任务，将有效载荷部署到另一个运营商的卫星剩余空间上更为有效，这种技术称为托管有效载荷，从而无须建造和发射一颗专门的卫星。在托管有效载荷配置中，该有效载荷所有者向托管卫星运营商支付费用，以携带使用托管卫星的公用系统（如电源、数据传输等）的仪器。最后，随着新的大型通信卫星星座的发布，一个叫做托管平台（hosted bus）的概念出现了。在这种配置中，卫星运营商可以购买基于与星座卫星相同平台的航天器。这种托管平台运营商受益良多，因为卫星平台的非经常性工程成本已经由星座运营商支付，使得托管平台卫星的建造成本大大降低。另一个主要的好处是，托管平台运营商可以使用星座的通信网络和地面基础设施，并且可能以相对较低的价格共乘一枚运载火箭。

最近，在一次发射中发射来自多个运营商的多个有效载荷的概念日渐流行，这一概念被称为共乘（rideshare）。最基本的共乘可以定义为共用同一枚运载火箭。许多卫星运营商，特别是那些运行小型卫星或立方体卫星的运营商，可能选择作为第二有效载荷发射而不是作为运载火箭的主采购方。作为第二有效载荷，运营商可以利用剩余的有效载荷容积和质量裕度，共乘另一个卫星运营商购买的一枚运载火箭。希望以共乘火箭的方式进行发射的实体，可以直接与发射运营商或卫星运营商签订合同，他们也可以通过匹配有效载荷和发射机会的发射代理服务来开展工作。一些发射代理商可能会自己采购一个专门的发射机会，然后将多个有效载荷聚合在一起。

共乘发射的成本通常低于购买一次专门的发射服务，后者对许多新的参与者而言可能成本过高。但是，这一方法亦有其缺点。第二有效载荷通常具有减弱的影响发射计划的能力，发射计划一般由发射服务提供商和主有效载荷运营商协商确定。第二有效载荷还可能会发现它们具有有限的入轨选择，并且在发射过程中面临次优的振动和声学环境，因为这些参数是根据主有效载荷的任务要求来确定的。此外，共乘方式增加了发射和部署的复杂性，因此增加了失败的风险。在发射之前必须评估各种共乘风险，包括爆炸、电磁兼容性、电击、电池破裂、电解液泄漏、尖锐边缘、突出物和过早的机构展开。

9. 发射服务协议

为了获得进入外层空间的发射服务，需要与发射服务提供商签订一份名为《发射服务协议》的具有法律约束力的合同。《发射服务协议》将全面涵盖发射的所有细节，并定义发射的众多要素。该协议描述了参与者的所有特定角色和责任，一般来说，客户将交付一颗适于发射的卫星，而发射服务提供商将提供某些服务，例如成功地将卫星集成到火箭中，安全并成功地将其发射到正确的轨道。

对于每一次的特定发射，发射服务协议都会包含一些独特的要素，但是与大多数合同一样，它总是含有使其成为具有法律约束力的合同的某些要素。虽然这种公司使用的合同可能看起来很长，涉及细节，处理的是可能不会发生的预想情况（例如发射失败和其他事故），但法律合同实际上是一种细致入微的文件，因为它们会将各方的各种共同理解和期望提炼为有限的文字，涉及所有细节，界定所有角色，分配风险，并以可在法庭上作为有效合同的方式表达。合同是当事人对其所作承诺的共同理解的书面反映。

为了令发射服务提供商和客户对特定词语具有完全相同的理解，发射合同将定义其最重要的术语。合同的定义部分可能会定义以下重要术语："卫星"、"发射服务"、"发射机会"、"运载火箭"、"发射窗口"、"发射或发射中"、"发射后服务"、"共享发射"、"第三方"、"辅助有效载荷"、"发射中止"、"发射失败"、"部分失败"等。因为它们是有定义的，所以各方都要理解这些术语，并且在签订合同时同意这些术语的定义。

术语的含义应该是明确的。例如，"发射失败"的定义可能与"部分发射失败"不同，如果不幸发生，卫星没有被置于正确的轨道，那么由此产生的状态可能被归类为发射失败，或者可能仅为部分发射失败。这种分类可能会直接影响保险甚至责任条款的触发。

发射合同中的定义事关重大，当事方应当进行深入的审查。

发射服务协议的另一个组成部分是列出双方将要履行的承诺（有时称为技术承诺）。这些承诺准确地列举了各方必须做什么，以便对方能够履行合同规定的义务。因为向外层空间发射先进的硬件是一项技术成就，所以各方基本上在一定时间内会成为彼此的合作伙伴。

最后，发射合同的当事方必须面对发生灾难的可能性，并考虑、谈判和商定由谁承担哪些风险，在某些事件中赋予什么权利，以及各方必须扮演什么角色。合同的一部分将包含潜在责任和风险的分配。

航天产业以外的标准合同有一个不可抗力条款，这意味着一个干预性的、意外发生的且不可预测的“不可抗力”将使当事方免除其履行合同中所作承诺的义务。

10. 保险

许可和监管空间活动的国家监管机构可能要求提供保险。发射服务提供商在发射服务协议中也可能要求这样做。发射采购方可以购买保险，以尽量减小发射失败造成的风险。通常，有不可靠记录的运载火箭的保险费较高，而更可靠的系统的保险费较低。因此，保险可以平衡低价、高风险发射选择和高价、更可靠发射选择之间的价格差异。最常购买的保险是发射保险，它的覆盖范围从运载火箭点火到在轨交付。如果需要，可以购买一份单独的保险，以涵盖卫星在轨运行阶段的故障。发射服务采购方还应了解发射服务提供商所在国家的责任环境。如果发射失败，对不相关的公众造成了损害，采购方可能要承担赔偿责任。一些国家制定了确立第三方最高赔偿限额的赔偿制度，超过该数额的损害赔偿将由该国政府支付。

11. 发射前有效载荷测试

卫星发射到太空时，会受到显著的振动与噪声、冲击、耦合负载，以及热和电磁效应的影响。卫星设计师和工程师需要参照运载火箭的用户指南，了解发射过程中的环境信息，并对航天器进行适当的测试，以确保它能够在发射过程中不出问题。这些风险还可能延伸到卫星在轨活动的早期阶段，特别是如果它将经历数周的机动才会到达其最终轨道的话。在卫星研发的设计、工程和测试阶段可以采取相应措施，为航天器的成功部署做好准备。

在设计阶段，最好是选择一型具有成功太空飞行经验的卫星平台（卫星的主体）。常用的卫星设计应该收集有关航天器结构和部件如何应对发射环境的重要数据。此外，使用经过验证的卫星和运载火箭组合会进一步降低有效载荷部署失败的风险。

当卫星被射入太空时，航天器必须设计成可以应对火箭发动机产生的振动-声学效应。航天器将暴露于发射期间产生的至少三种类型的振动-声学环境，包括随机振动、正弦振动和声致振动。在发射的最初几分钟会出现最大的振动-声学效应，因为此时超压和回响是最强的。随后是气流噪声，因为空气流过有效载荷整流罩，引起内部的回响声，并且在高动压飞行期间（例如通过声障的过渡阶段）尤其强烈。有关发射系统的振动-声学环境的信息可以在运载火箭的用户指南中查找。

大多数的地面测试体制简化了发射环境并会测试最极端的条件，而不是特定的任务剖面。因此，如果航天器设计容易受到振动的影响，则应开发一种非标准的、航天器专用的振动测试体制。通过结合运动控制解决方案，可以在设计和工程阶段减轻振动的影响，有助于衰减由运载火箭产生的正弦振动和随机振动。

航天器将经历短暂剧烈的瞬时加速度，具有较宽的频带和极短的持续时间，通常小于 20 毫秒。这些冲击发生在特定的飞行动作中，例如用炸药切断一个耗尽级，并且可以在地面上直接建模和测试。使用非爆炸螺栓切断器型释放结构可以减轻这种冲击的危害。

除了考虑运载火箭产生的振动-声学效应和冲击的影响之外，还必须了解作为一个完整结构系统的运载火箭和航天器的相互作用所产生的耦合负载。耦合负载的建模方法多种多样，但它们的质量和精度高度依赖于航天器的结构动力学模型和从实际飞行中收集的数据。在卫星设计和运载火箭的选择过程中，随着航天器设计的成熟以及发射系统的力学环境数据的不断收集，可以对耦合负载的模型进行迭代更新。

在发射和轨道上升阶段，热环境必须保持在电子设备和部署机构的设计和认证范围内。工程师使用不同的方法来确保这一点。在发射台上，运载火箭的舱内有空调或加热装置，以保持温度偏移的限值。整流罩打开之后，运载火箭进行转动，使卫星暴露于太阳光下，将卫星内部的温度保持在电子设备可接受的允许温度范围内，并令展开机构升温。

在发射过程中，航天器会暴露于各种电磁环境下，包括来自跟踪雷达、运载火箭射频（RF）发射器、高能质子区域以及大气闪电的能量。因此，在工程建造阶段，严格遵守电磁设计规范并对可能出现的电子干扰进行建模是非常重要的。航天器和运载火箭之间的系统级兼容性问题是在制造过程中通过综合航电设备测试来解决的，并注意运载火箭的连接和隔离要求。全系统集成测试在发射工位进行。

12. 测试与异常缓解之间的联系

在减轻在轨异常方面，航天器的设计、制造和测试的重要性怎么强调都不过分。对于除了载人任务以外的所有任务，这些阶段是实现系统真正“实际操作”和重新设计的唯一机会。下面列出了从运行前阶段（pre - operational phase）到减少在轨异常的发生和影响阶段需要考虑的最佳实践：

- 在设计的多个阶段执行详细的失效模式及影响分析(FMEA)，并尽可能消除单点失效。
- 利用 FMEA 结果开发鲁棒而详细的操作流程，并在集成和测试（I&T）阶段执行这些流程，以表征系统的行为，获得在发射前进行更新的机会。

• 归档并保存所有文件和测试数据，包括供应商提供的材料，这种信息对确定在轨故障的根本原因至关重要。

• 开发一个类飞行（flight - like）模拟器或系统的工程模型。一个鲁棒的模拟器对于测试复杂操作流程、验证固件和软件升级，以及执行详细的根本原因调查是一个极其有用的工具。

• 确保航天器的设计为诊断异常情况提供充足的数据，方法是包含足够的遥测接入点，从运载器上的每个单元提供洞察力，并制定详细且组织良好的遥测格式。

这些实践活动有助于卫星运营商了解任务剖面（空间环境和运行要求）中固有的风险，并进行相应的设计以减小这些风险。

13. 发射任务保证

部署卫星的发射操作依赖于发射服务提供商和发射服务采购方之间的合作关系，以执行致力于任务成功的过程和文化。这种类型的关系和过程称为任务保证，对于较低的商业预算来说这一标准可能不可行，但大型买家（如政府）可以采用。任务保证作为一个过程，是在发射系统的整个生命周期中采用的一种迭代和持续的技术和管理活动。为了取得成功，任务保证过程必定包括系统工程、风险管理、质量保证和计划管理原则的严格应用。

任务保证的关键是发射采购战略，其中包括充足的应急资金，由此确保发射服务提供商维持执行集成和发射所需的人员、设施和数据共享，处理突发事件，并在出现问题时达成一致。任务保证的另一个关键是明确的问责制，这要求单个实体有责任了解、跟踪和确保飞行价值（flight worthiness）的维护。

接下来，连续性和独立验证要求有可用资金来维持自主技术能力的深度，以分析潜在问题并对航天飞行价值进行评估。最后，有必要进行广泛的评审，包括关于航天飞行价值鉴定和是否进行发射的决策的评审，以及飞行后数据评审。

（二）发射

将物体发射到轨道需要巨大的能量。目前，这种能量是通过极其复杂的机器中发生的高能化学反应产生的，这些机器通常附加着非常昂贵的有效载荷。必须特别小心，既要增加太空发射成功的几率，又要尽量减小太空发射活动对人员、地面设施、空中和海上交通工具造成的风险。发射阶段被认为是任何太空项目中最危险的时期。

世界上大约有 30 个卫星发射场。今天，大多数发射都出自大约十几个发射设施。建造和安全运行发射设施需要周密考虑发射安全、环境和地面安全问题。航天港通常位于人烟稀少的地区，以尽量减小发射失败可能对该地区的人员或财产造成损害的风险。航天港也常常位于海洋或沙漠附近，因此火箭的上升段飞越的是大片相对无人居住的区域，以尽量避免公众暴露在被抛离的火箭级或其他坠落的碎片下。一旦确定了发射设施的地点，政府通常要求完成环境评估，以确保发射设施的运行不会严重污染或破坏自然的野生动物栖息地。最后，航天港的设计和运营需要遵循现有航天港的最佳做法。

关于如何开发和运营航天发射设施，目前还没有全球商定的规则。航天港通常作为国家资产来开发，由政府机构管理。许多国家已经开展了研究，以探索向商业航天港发展的道路。一些国家已采取措施，鼓励和促进商业运营的航天港的发展。美国已经建立了迄今最积极的商业航天港监管制度，其他国家通常会参考美国的监管法规。

1. 陆地环境安全考量

计划建造和运营一个新的发射场可能对陆地环境造成重大影响，有关国家当局可能要求进行环境影响分析。发射设施的开发者需要考虑发射活动对各种环境域的影响，包括大气、噪声源和地表环境。

第一个环境问题是航天发射对大气的影响。地球表面附近的空气通常受国家空气质量标准的监管，以确保污染物不会达到破坏性水平。由于某些高能和易挥发的火箭燃料对环境空气质量具有极大的危害（如果它们被意外排放的话），因此其贮存和使用是一个独特的问题。此外，一些运载火箭即使在正常运行期间也会排放有害气体。其他类型的运载火箭，尤其是采用固体燃料发动机的运载火箭，在穿越大气层上层时会释放出各种类型的颗粒，环境监管机构未来可能会对此进行日益严格的审查。

第二个主要的环境问题是噪声。新建发射设施产生的噪声需要在自然噪声环境的背景下来认识和评估。火箭发射往往会产生巨大的噪声，扰乱野生动物的栖息地。发射和再入活动沿途所产生的音爆可能会对野生动物、房产和人体造成进一步的损害。

最后，发射设施通常设在远离人类的地区，但那儿也可能是原始的野生动物栖息地。发射场周围的陆地、海洋、湿地和其他地表环境都可能具有需要保护的独特特征。在建造之前应制订场地特性研究和影响缓解计划，尤其应避免在含有濒危物种栖息地的地区附近建立发射设施。

航天港活动、野生动物栖息地和经济利益之间的矛盾，在日本允许其南部的种子岛航天中心进行多少次发射活动的决策中得到了体现。发射活动最初限制在每年 190 天的窗口期，每年的发射上限为 17 次，以缓解当地对发射活动可能对渔业产生不利影响的担忧。经过进一步的环境影响研究，认识到全年发射对商业竞争的重要性之后，日本在 2011 年解除了这些限制。在欧洲，航空航天部门应遵守欧盟《化学品登记、评估、授权和限制条例》（EU REACH），有意在欧洲开展发射活动的参与者可以进行相关研究。

2. 地面安全考量

一旦环境问题得以解决，国家监管部门可能会进行政策审查，以确保计划建设的新航天发射设施不会危及国家安全、外交政策利益或本国的国际义务。

下一步，将进行伤亡风险评估。发射场应设在发射活动不会危害公共健康与安全或财产安全的区域。因此，运载火箭的飞行走廊——其发射轨迹下的陆地——必须是无人居住的，以便使运载火箭或耗尽级撞击该区域时造成损害的可能性最小。现在有计算公众风险的模型，一些国家，如美国，设定了最小的伤亡风险水平。

由于许多固体和液体推进剂具有爆炸性，航天发射设施初始设计的另一个关键部分是制定爆炸物场地计划，标明所有爆炸危险设施的位置、它们之间的距离以及到公共区域的距离。爆炸性运载火箭推进剂的安全处置和管理至关重要。为了避免雷电、静电、供电系统问题、电磁辐射等引发的意外爆炸事故，人们制定了指导发射场基础设施建设的标准。

为了确保航天发射设施的安全运营，运营商妥善处理公众访问控制、现场作业安排、通知、记录以及发射现场事故响应与调查等问题是很重要的。应使用保安人员、围栏和其他障碍来控制人员进入发射场地。进入现场的人员应学习安全和应急响应程序。警报和其他警告信号是向现场人员通知紧急情况所必需的。如果一个发射场同时有多个用户，则发射场运营商应有调度作业程序，以便一个活动不会对另一个造成危害。

危险区域是另一个需要特别关注的问题。为了限制飞机和船只接近发射和再入作业危险区域，必须与国家海上和空中交通管制机构进行协调。在进行发射活动时，应向航天港附近的航道发布通知，要求船舶在特定的时间窗口内远离危险区域。或者，当预期的伤亡计算超过规定的阈值时，向发射设施周围和发射走廊下方的区域发布航空通告（NOTAM）。当发射设施进行飞行作业时，必须在运载火箭和地面上配置适当的设备来跟踪运载火箭飞越发射场的进程。

3. 发射作业期间的发射场安全

卫星的发射需要深入的规划、协调和风险管理。随着时间的推移，全球的发射场安全操作也在不断发展。国际标准化组织（ISO）正在制定的标准规范了适用于发射场作业、飞行安全系统和其他区域的安全做法。在全球范围内，大多数航天港都是由各国政府运营，对于特定发射场的安全实践采用了不同的方法。但是，核心原则是共通的。本节讨论的发射场安全实践通常参考美国联邦航空局（FAA）制定和实施的商业法规。

首先，发射运营商要对每次发射进行飞行安全分析，以控制正常或发生故障的运载火箭在飞行过程中产生的危害对公众造成的风险。风险评估分析应考虑与飞行过程中的每个危险源相关的可变性，运载火箭的正常飞行和每一个故障响应模式，以及每一个外部和运载火箭的飞行环境。此外，风险评估应考虑潜在地暴露于飞行中的人群，以及任何飞行安全系统的性能（包括与系统相关的时间延迟）。

风险评估的输出用于制定相关计划，以充分隔离危害，使公众的风险保持在可接受的限值内。表 6 列出了飞行安全分析的主要内容。

表 6　飞行安全分析

弹道	有毒物质释放危害
飞越门(Overflight gate)	飞行安全限制
失败概率	延时
故障转向	远场超压爆炸效应
保持并恢复门	直线上升时间
地面碎片风险	飞行危险区域
轨道碎片	碰撞避免
无数据飞行时间和计划安全飞行状态	

4. 公共风险准则

美国联邦航空局等国家监管机构为公共风险敞口设定了具体的量化标准，发射运营商必须满足相应要求。这些标准包括惰性与爆炸性碎片、有毒物质释放和远场爆炸超压对公众的特定风险概率。这些定量的限值不能作用于飞机或船只，因此，发射运营商必须建立危险区域，其规则要求在发射活动期间将船只和飞机从危险区域转移。

5. 飞行终止系统

为了满足公共风险标准要求，有必要在运载火箭上安装自毁系统。激活自毁系统会将运载火箭分解成更小的碎片，烧掉燃料，并将超压效应与公众隔离。终止标准是通过各种飞行安全分析制定的，并作为书面飞行安全计划的一部分予以执行。飞行终止系统是发射场安全的关键要素。这条规则有一些例外，特别是在使用有毒燃料的老式火箭系统中，在这种情况下，火箭最好是在一条飞经非人口密集区域的弹道上，远离发射场后进行自毁。

6. 飞行安全计划

根据飞行安全分析得出的结论，一个书面飞行安全计划将确定如何在不对公共安全造成不利影响的情况下进行运载火箭的发射和飞行作业，以及如何应对发射事故。飞行安全计划应确定批准和实施该计划各个组成部分的安全人员。

飞行安全计划的要素包括飞行安全规则、飞行安全系统、弹道数据和碎片散布数据。该计划还必须确定在发射期间应清理和控制的飞行危险区域，以及相关的支持系统和服务，其中包括发射运营商将使用的飞机或船只。最后，该计划必须说明与飞行安全相关的测试、评审、排练和其他安全作业。

地面安全计划阐述了危害控制措施如何实施，这些措施根据发射运营商的地面安全分析制定，需要处理所有公共安全相关的问题。该计划至少应包括对运载火箭和所有有效载荷（或有效载荷级的物体）的描述，并说明每一种危险品，包括爆炸物、推进剂、有毒物质和其他有害物质、辐射源和加压系统。该计划还必须包括显示运载火箭上每种危险品的位置的示图，并标明发射运营商在发射过程中执行危险品作业的地方。

作为飞行安全计划的一部分，还有许多其他的计划是必要的，包括：

- 发射支持设备和仪器计划；
- 地方协议和公共协调计划；
- 频率管理计划；
- 危险区域监视和清理计划；
- 飞行终止系统电子设备程序计划；
- 通信计划；
- 事故调查计划；
- 倒计时计划。

7. 飞行前安全关键操作

发射运营商必须执行飞行前安全关键操作，以保护公众免受与发射作业和运载火箭飞行相关的危险的不利影响。例如，发射倒计时计划应分发给负责运载火箭倒计时和飞行的所有人员。发射所牵涉的任何附近的陆地、海洋或空中区域均应进行评估和监测，以确保公众的人数和位置符合既定的安全标准。运营商应监测天气情况，以确定可能威胁到发射安全作业的气象条件（例如闪电）。为确保准确性，应对运载火箭的跟踪进行数据验证。

如果运载火箭飞出了飞行边界，需要主动摧毁运载火箭，则必须确保飞行安全系统准备就绪。在起飞前至少应有两个跟踪源可用，并且在轨道发射时从升空到入轨（亚轨道发射时则是动力飞行结束），始终有不少于一个的经过验证的跟踪源。

（三）轨道活动

每天有超过 1 500 颗卫星围绕地球运行，执行对全球经济和安全至关重要的各种任务。远程操作这些航天器以确保任务的执行和飞行安全需要管理各种风险，其中最重要的是避免与其他的活动卫星以及同样绕地球运行的数十万块空间碎片相撞。以下部分将更详细地讨论卫星运营商为了确保其卫星的安全，并防止可能破坏空间环境长期可持续性的碰撞或事故而需要处理的主要问题。

1. 卫星轨道的确定和跟踪

对于卫星运营商来说，第一步是了解他们的卫星在轨道上的位置，并知道可能造成碰撞风险的其他物体的位置。与我们能够利用全球定位系统（GPS）在地球上找到我们的位置不同，地球轨道上的大多数卫星目前不使用或不能使用 GPS，数十万块轨道碎片也是这样。因此，绝大多数空间物体必须使用不依赖于被跟踪物体的配合的系统来进行观测，以确定其轨道。传统上，这被称为太空监视，而最近则称为太空态势感知（SSA）。

卫星运营商需要确定如何获取他们的卫星和其他空间物体的轨道信息。卫星轨道确定（OD）是运营商或第三方获取卫星轨道的过程，这种轨道通常是相对于地球质心的。基本原理是确定一颗卫星在过去的一个特定时间的位置与速度（其状态），然后使用一组微分方程来模拟其位置与速度随时间的变化，以预测未来的位置与速度。在航空航天术语中，这就是“生成星历”，它是定义卫星未来轨道的一组空间点。执行精确 OD 的一个重大挑战是开发精细准确的运动方程，其中包涵作用于卫星的各种自然力或摄动，例如地球引力的不规则性、大气阻力以及太阳和月亮的引力。

卫星 OD 开始于其位置与速度数据的获取，称为观测。一次观测可以测量卫星在某一特定时刻、相对于特定传感器的位置，也许还可以测量速度。在一段时间内进行多次观测称为跟踪。一个传感器的观测数据可以单独使用，也可以与其他传感器的数据结合使用，这些传感器可以在轨道的其他位置点观测该空间物体。

不同的测量方式具有不同的特性，这导致根据这些测量数据估计的卫星状态元素具有不同水平的置信度。传统上，数据的主要来源是地基雷达、地基和天基望远镜。望远镜还可以使用卫星激光测距（SLR）技术，直接用激光照射卫星，而不是依赖于太阳光的照射。雷达观测可以提供速度信息，并且通常具有出色的角跟踪精度，但是可能得到较差的距离变化率估计。SLR 可以获得出色的距离和距离变化率估计，而角速率估计较差。

无论哪种类型的传感器，了解其提供的跟踪数据的准确性和精度都是很重要的。通常，传感器会定期跟踪校准球或其他轨道已知的空间物体，以确定其精度。如果传感器的测量值始终不准确，则可以引入主动偏差来纠正部分或全部误差。可以根据传感器的历史性能来确定它们随时间变化的精度，这反过来又可以用作评估其数据相对于其他传感器的权重因子。

精确跟踪一个空间物体需要从其轨道的许多位置收集观测资料。这意味着需要一个全球传感器网络，其可以是地面的，也可以是天基的。运营和维护这样一个传感器网络历来代价高昂，因此跟踪卫星和空间碎片主要是政府的一项职能。迄今为止，美国政府一直通过美军的联合太空作战中心（JSpOC）向公众提供此类信息，尽管越来越多的其他跟踪信息源（包括政府和非政府的）可供卫星运营商使用。

2. 轨道预报

然而，知道一个物体现在在哪里只是问题的一部分，因为还需要知道一个物体将来在哪里，以评估碰撞风险。这意味着要了解作用于轨道物体的各种力——地球引力、太阳和月球引力、太阳辐射压力和大气阻力，其中大气阻力对 LEO 卫星构成了重大挑战。许多科学研究致力于开发相关数学模型，以估算这些力和其他被称为摄动的自然力是如何随时间影响卫星轨道的。但是，有一种力非常难以建模，即用于航天器机动的推力。大多数活动航天器必须定期进行机动以维持执行任务所需的轨道。在一个未来预测（如该卫星是否会与另一个物体相撞）的时间范围内发生的机动将会使分析失效。因此，精确的建模和预测需要同时考虑自然摄动模型和所有计划的变动。

卫星运营商必须充分了解这些信息才能执行其任务。与其他运营商共享信息可以提供更及时的更新，避免由于不了解一个运营商的意图而造成的混乱。挑战在于，每个运营商通常使用他们自己的坐标系（有时是不同的时间系统），这意味着它们都必须被标准化

——或者放在一个共同的参考系中——才能有作用。这一过程需要充分了解单位、坐标和时间定义，并且有方法来验证这些信息，因为许多卫星系统的设计并不是为了与其他运营商进行互操作，而是为了内部一致。

结果也需要以标准方式共享，以确保每个运营商都知道如何理解和应用该规范化数据。这种分享需要定期进行，以确保对如何应用数据达成共识，并避免在应对严重事件的过程中出现误解的可能性。

3. 将观测数据结合到一个状态的两种技术

主要有两种技术用于将多个观测值结合成卫星的单个状态。传统的技术被称为批处理器，它基于众所周知的最小二乘法，使空间物体的所有观测位置与规划的轨道之间的距离最小化。

虽然最简单的批处理最小二乘法相对简单且易于计算，但它有三个主要缺点。首先，尽管观测的精度差异很大，但每个观测误差的权重都是相等的。在最终的估算中，来自一个传感器的不精确观测的权重与来自不同传感器的非常精确的观测一样大。第二个主要问题是观测值可能互相关联，在一个简单的最小二乘解中使用相互关联的观测值违反了它的一个基本数学假设。第三，批处理最小二乘法不认为误差是随机过程的样本，也不试图利用任何统计信息。

为了克服这些限制，采用了一种确定加权最小二乘解和最小方差的方法。加权最小二乘解选择一个估计值 x 作为使计算出的观测误差平方的加权和最小的值。这种用于确定状态估计的算法被称为“批处理器”。该名称源自这样一个事实：所有的数据通常是预先累积的，并在一个批次中进行处理以确定解决方案。批处理公式使用一整批数据来提供在某个选定时期或时间段的状态估计。然后，可以将该估计及其相关协方差矩阵映射到其他的时间。

第二种更现代的技术是将多个观测值组合成单一状态估计的序贯估计算法。在序贯估计中，观测值一经接收就立即进行处理。

序贯估计算法通常被称为卡尔曼滤波器，它利用新的观测值来连续地校正其对未来状态的估计。序贯估计算法采用估计状态和协方差矩阵，并将它们及时向前传递。对未来状态的新观测值被用于递归地修正原始状态。序贯处理器基于截至该时间的观测值，提供每个观测时间的状态估计，该解和协方差矩阵也可以映射到其他时间。

这两种技术都可能误计预测状态的实际误差。在序贯估计算法中，随着观测数据的增多，状态估计误差协方差矩阵可能接近于零。协方差矩阵元素的大小将根据观测的密度、信息内容和精度而减小。批处理器可以看到类似的效果，其中状态估计误差协方差矩阵通常低估预测状态中的实际误差。

4. 会合评估程序和标准

对于卫星运营商而言，降低在轨风险的关键手段之一是执行会合评估（Conjunction Assessment，CA），即确定哪些物体有机会接近并可能与航天器发生碰撞。从概念上讲，CA任务是不复杂的。运营商只需要知道可能存在碰撞风险的所有物体的位置，并且能够预测它们将在未来足够长的一段时间内的位置，便可在被认为是不安全的近距离情况下采取有效的行动。利用这些信息，使用众所周知的分析技术可以快速地对该运营商的每颗卫星进行筛查(screening)。挑战来自了解当前执行有效CA的限制并识别需要改进的方面。

通常是对一对物体的运动轨迹执行CA，每条运动轨迹表示空间物体随时间变化的位置，在给定的预测时间跨度上计算两个物体之间的相对间隔距离。这些运动轨迹可以使用来自数据提供者的高精度目录数据或者航天器本身产生的位置数据来生成。会合事件（conjunction event）是指相对间隔达到局部最小值的位置，通常称为最接近点。碰撞风险管理始于近距离接近预测，以任务利益攸关方的是否行动决策结束。

其步骤包括：

• 对照另一组物体筛查一组已定义的空间物体，识别近距离接近（称为会合事件）；

• 报告预计在未来某个时间跨度内超出特定间隔距离阈值的所有会合事件；

• 评估和量化每个已识别的会合事件的碰撞威胁；

• 针对超出运营商风险阈值的会合事件制定和执行碰撞避免机动。

潜在的碰撞可以由独立的航天器运营商，航空航天公司或空间数据协会（SDA）等运营支持组织，以及美国战略司令部（USSTRATCOM）或国家航天局等政府组织进行识别。为了对卫星运营商有最大的帮助，进行会合分析的实体应该取得活动卫星和其他空间物体的精确轨道数据，包括预测时间内的计划机动。

5. 运营中的会合评估

会合评估过程贯穿卫星的整个生命周期，从发射前到寿命结束。会合评估的阶段包括发射、早期轨道、在轨、碰撞避免、离轨或处置。发射会合评估是预测和报告运载火箭和轨道物体之间的近距离接近的过程，主要是根据空间目录中的所有物体筛查计划的发射轨道。发射供应商通常会生成这些轨道，对应于发射窗口内的不同发射时间可能需要进行多次迭代。

发射筛查过程将运载火箭的轨道（以星历数据的形式提供）与空间物体目录进行比较。初步筛查过程可能会在发射日期前几周到几天开始，具体取决于发射供应商或发射场的要求。然后以预定间隔执行筛查，例如在发射之前的 T－4，3 和 2 天，最后是在发射当天，以产生最准确和实时的评估。

根据卫星任务，筛查结果是针对预定筛查范围提供的。例如，一个携带有效载荷的机器人任务可能需要 25 千米的筛查距离。这意味着，任何预测的近距离接近小于此值时，发射运营商将收到通知。

一些机构提供发射会合评估服务。美国军方对美国空军东部和西部发射场的所有发射进行发射会合评估，并为需要这项服务的全球其他发射供应商提供发射会合评估服务。其他数据提供商，如航空航天公司，也提供发射会合评估服务，世界上有许多发射机构使用公开的数据进行独立的内部评估。

关于发射前会合评估的有用性一直存在争议。在许多情况下，预测的插入轨道和现有卫星的预测轨道存在显著的不确定性。因此，发射会合评估很可能会产生误报，并可能导致不必要的发射延迟或中止。一些发射运营商得出结论认为，只有对国际空间站进行发射会合评估是值得的，而另一些运营商会对多得多的卫星和碎片物体进行评估。然而，进行发射会合评估筛查的一大好处是，卫星运营商将发现哪些物体“在附近”，因此他们需要与哪些其他运营商建立工作关系。在某些情况下，卫星运营商就曾根据发射会合评估决定修改其卫星的计划运行轨道，该评估显示卫星正在进入高流量区域。在中国的碳卫星案例中，由于轨道列车（A - Train）计划的所有参与者需要遵循复杂的要求和程序，因此中国决定不将其发射到“A - Train”地球观测卫星星座。

早期轨道会合评估跨越了从航天器与运载火箭分离至其到达最终轨道的阶段。根据机动计划和方法，这个阶段可能需要数天或数月的时间，并对会合评估过程提出了独特的挑战。首先，发射后最初几天有限的观测数据可能会延迟对发射物体的未来轨道进行精确的预测。此外，航天器的不断机动使得保持一致的跟踪和更新的轨道测定变得困难。因此，准确和及时的早期轨道会合评估通常需要使用运营商提供的数据进行基于星历的筛查。

早期轨道会合评估通常需要运营商向数据供应商提供早期轨道机动计划，以及计划机动时间表和要求的筛查范围。随着轨道早期阶段的推进，运营商会向数据供应商提供星历表，以便根据空间物体目录进行机动前后的筛查。这种数据交换使得运营商在必要时可以实施碰撞避免操作，并帮助数据供应商维护机动中的卫星的准确位置数据。JSpOC 向提供星历表的所有卫星运营商提供这种服务，一些航天机构也为其政府的有效载荷提供此项服务。

一些私人实体，包括学术机构和商业公司，已开始提供 SSA 数据和服务。

然而，与发射会合评估的情况一样，早期轨道会合比较难以提前预测。早期轨道会合评估所带来的挑战真实地反映在欧洲的 Sentinel - 1A 卫星上。Sentinel - 1A 于 2014 年 4 月 3 日发射升空，在其入轨的第一天，人们预测它将与一颗在发射筛查中没有显现的报废美国卫星发生一次非常近的近距离接近。计划和实施这次机动被证明非常具有挑战性，因为 Sentinel - 1A 一直在进行一系列展开其太阳能电池阵和天线的机动。最终，规避机动进展顺利，避免了潜在的灾难性局面。

在轨卫星会合评估主要用于确保卫星在整个生命周期的航天飞行安全。这一过程将对照所有其他的已编目空间物体筛查所有活动卫星，其结果为卫星运营商提供了未来近距离接近事件的预测。近距离接近预测信息使卫星运营商能够采取行动来降低碰撞风险，依据的主要指标是碰撞概率（Pc）。

近距离接近筛查是为了获得预测时间，这取决于该卫星的轨道类型。GEO 卫星的预测时间通常比所有其他轨道类型的预测时间长，主要是因为 GEO 在长时间内更容易预测。筛查范围也因轨道类型的不同而不同，通常监测范围更大一些，而高度关注范围或报告范围更小一些。表 7 提供了一个示例，说明如何定义不同的轨道类型，并根据其风险水平指定特定的筛查时间和范围。

表 7　CA 筛查范围示例

轨道类型	轨道类型标准/定义	预测/预报时间/天	径向脱靶/km	轨迹脱靶/km	横向脱靶/km
GEO	1 300 min＜周期＜1 800 min；偏心率＜0.25；倾角＜35°	10	12	364	30
HEO 1	近地点＜2 000 km；偏心率＞0.25	10	40	77	107

续表

轨道类型	轨道类型标准/定义	预测/预报时间/天	径向脱靶/km	轨迹脱靶/km	横向脱靶/km
MEO	600 min＜周期≤800 min；偏心率＜0.25	10	2.2	17	21
LEO 4	1 200 km＜近地点≤2 000 km；偏心率＜0.25	7	0.5	2	2
LEO 3	750 km＜近地点≤1 200 km；偏心率＜0.25	7	0.5	12	10
LEO 2	500 km＜近地点≤750 km；偏心率＜0.25	7	0.5	28	29
LEO 1	近地点≤500 km；偏心率＜0.25	7	2	44	51

如前所述，卫星运营商、数据供应商或服务供应商可以根据特定任务规定的时间表，使用任何轨道变化来执行会合筛查。目前，JSpOC是全球空间运营商的主要数据供应商，并使用其高精度目录（HAC）执行目录和星历筛查。JSpOC每天至少提供一次所有活动物体的目录筛查，以及基于星历的附加结果（卫星运营商通过星历文件提供状态信息）。当卫星运营商希望为计划的机动筛查轨道时，后一种筛查过程很有用。空间数据协会等服务供应商专门从事星历对星历（ephemeris - versus - ephemeris）筛查，这是为加入该组织的卫星运营商提供的一项补充服务。

会合评估报告可以以多种方式发布和交换，但现行的标准是由空间数据系统咨询委员会（CCSDS）（一个由各国航天局成立的国际组织）制定的会合数据消息（CDM）。尽管JSpOC目前是航天飞行安全的首要数据供应商，但它并不提供高级分析或风险缓解建议。更确切地说，该机构提供了大量的公开数据，以便运营商设计和执行他们自己的风险缓解策略。其他的政府和非政府机构，如美国国家航空航天局、法国国家空间研究中心（CNES）和SDA，可向其卫星运营商提供高级分析或建议。

6. 风险评估和避免碰撞

并非所有的卫星都具有在轨机动能力，但对于至少涉及一颗具有机动能力的卫星的潜在碰撞，必须决定是否进行机动以降低碰撞风险。这些决定涉及计算碰撞风险和机动的潜在成本（例如消耗燃料或中断运营）。计算碰撞风险不仅需要知道两个物体的位置，还需要了解与此相关的不确定性。位置和不确定性给出了碰撞的可能性，这必须结合未来的特定碰撞场景。

不幸的是，计算碰撞的概率却是困难的。由于国家安全的因素，目前公开的关于空间碎片和其他卫星的大多数数据（包括 JSpOC 提供的数据）并不包括关于数据不确定性的信息。尽管 JSpOC 最近开始在向卫星运营商发送的会合摘要消息（CSM）中包含不确定性数据，但由于空间监视网络（SSN）的设计所造成的限制，它可能会产生误导。在建立 SSN 时，数据存储容量和带宽都非常宝贵，因此将卫星飞经相控阵雷达时收集的所有观测数据发回处理是不现实的。取而代之的是，数据进行子采样（现在仍然是）以提取最小数据集，消除了测量中的大部分相关不确定性。因此，与轨道估计相关的不确定性可能被错误地解读为比实际的更精确。在跟踪机动中的卫星时，问题会进一步复杂化，因为未能识别已经发生的机动可能会产生不良的轨道预测、过度的不确定性，或两者兼而有之。当观测数据与单个卫星错误地关联时，尝试处理在群集中运行的 GEO 卫星的观测数据便可以看到类似的结果。

从实际角度来看，每个运营商都有责任尽最大努力跟踪自己的卫星，对照其他的数据源定期校准自己的结果（特别是为了避免意外的系统差错），并尽可能地及时与其他运营商共享这些数据。预测的轨道应涵盖自然摄动和预先计划的轨道机动，在执行一次机动或合并/取消一次计划的机动后，应尽快提供新的轨道估计。这些数据应以星历的形式提供一段足够长的时间，以便能够共享和分析数据，以支持决策，如果认为有必要，则可以尽早规划和实施规避机动。

面对缺失的、不完整的或可能误导的不确定性信息，必须对各种轨道数据源进行比较，以评定相关轨道的更符合实际的不确定性。这个过程必须应用于每一个案例，而不是假设各个案例之间都是相同的。

尽管不可能防止所有的碰撞，但这些步骤可以降低发生严重碰撞的可能性，这种严重碰撞可以使一颗卫星完全失能，从而造成一大块碎片，或者产生更多危及整个近地轨道环境的小碎片。卫星运营商之间以及运营商和跟踪服务供应商之间的协作与共享是成功的关键。

7. 太空天气

除了可能与其他空间物体发生碰撞外，太空环境本身也会对卫星造成危害。“太空天气”是指在太阳上发生，最终与地球的磁球、大气和表面相互作用的一系列物理和电磁过程与效应。这些现象包括太阳耀斑、太阳风、地磁风暴和日冕物质抛射，可能对轨道和地球表面的活动产生不利影响。

太阳不断地发射带电粒子，这些粒子向外穿过整个太阳系，这种现象称为太阳风。太阳还发射各种波长的电磁辐射，包括无线电、红外线、可见光、紫外线和 X 射线。这些发射的强度变化会产生各种影响，称为太空天气事件，主要包括：

1）太阳黑子，这会导致太阳风的发射增强。因此发生的地磁暴，在轻微的情况下会导致北极光和南极光，而在更严重的情况下会导致电子系统过载。

2）日冕物质抛射，这与抛射到太阳风中的带电粒子数量增加相关，并且具有与太阳黑子类似的效应。

3）日冕洞，这一现象也会导致太阳风活动增加。

4）太阳耀斑，导致高强度的辐射爆发。

除了极光外，太空天气的影响通常是肉眼看不到的。在很大程度上，地球的天然磁场可以保护地球免受一般的太阳活动和辐射环境的影响。然而，当太空天气事件发生时，它们会对航天器的运营产生需要运营商注意的有害影响。这些有害影响包括：

1）带电粒子高于正常水平，这会令卫星部件和设备性能退化；

2）干扰电信号，涉及高频和超高频通信卫星以及全球导航卫星系统（GNSS）；

3）干扰雷达/空间跟踪系统，涉及太阳方向或极地方向；

4）在低地球轨道上运行的卫星的阻力增加；

5）可能增加人类在轨辐射暴露。

强烈的太空天气事件也会影响地球表面的脆弱系统，包括电网和航空系统。

太空天气通常与太阳极大期和极小期的11年周期相关，尽管在该周期的任何时间点都可能发生需要注意的事件。美国海洋和大气管理局的太空天气预报中心（NOAA SWPC）和美国空军等政府机构提供太空天气预报服务，包括提供监视、警告和警报。根据太空天气事件的类型，监视、警告和警报可在10分钟到72小时之前发布。太空天气事件按公布的等级进行评级，以描述其预期的严重程度。运营商和其他的利益相关方可以通过NOAA的太空天气预报中心订阅预报服务。

8. 卫星异常识别、响应和恢复

航天器运行中的异常有很多的形式，并且原因多种多样，但通常就是单个单元、子系统或整个系统的非正常行为。异常的确切原因可能涉及广泛的来源，诸如太空环境（如来自日冕物质抛射的高能粒子、微流星体撞击、航天器充电）、设计问题（如不充分的绝热引起的热失控、飞行软件中除数为零问题）、故障部件或制造工艺（如轴承座圈中的碎屑、开关故障），甚至操作过程中的程序或人为错误（如单元通电步骤的错误顺序、意外发送无意的指令、无意的地面或天基射频干扰）。

这方面的一个极端情况是，一个异常可能是良性的，以至于几天、几周、几个月甚至几年都没有被注意到。在另一个极端，异常则可能会终结任务。正确和充分地准备、应对以及从异常中学习，可以导致经受一个可能避免的任务终止事件和超过任务预期寿命之间的差别。

9. 异常识别

在航天器运行期间，可以采取几个步骤来提高运营商快速检测异常的能力。最重要的要素是有效的、精确的遥测。所有遥测接入点都需要明确定义标称、非标称状态或者工作范围。定义工作范围通常需要多次迭代：第一次是设计者的预测范围，第二次是基于单元测试和集成数据，第三次是基于初始的在轨特征数据。

由于对系统内部工作的深入了解的程度只与可获得的数据相关，因此不应忽视遥测格式的构成。并非所有参数都应以相同的速率进行遥测。例如，电源故障信号持续时间非常短（毫秒），而热信号通常需要一段时间来显示（几秒到几十秒，也有可能更长）。因此，与热敏电阻相比，应更频繁地遥测功率相关数据。

软件组件易受由太空环境中的高能粒子引起的单粒子效应（SEE）的影响。关于 SEE 及其补偿与应对设计方法，有大量的文献可供参考。作为起点，集成错误检测与纠正（EDAC）能力将有助于降低单粒子翻转（SEU，SEE 中的一种）的影响，但不能完全消除 SEU 影响系统性能的风险。如果建立一种机制，定期监测和纠正星载内存中的数据整体状态，有助于在问题出现之前捕获并纠正它们。此外，遥测自主纠正措施的状态（数量、日期/时间、内存中的位置）可以提供对所处太空环境以及内存单元本身的健康状况的深入了解。例如，重复纠正同一个内存地址可能会获得失效或卡住位（stuck bit）的指示。

10. 异常响应

在发射之前，应编写、测试操作程序，并进行培训，以便操作人员做好充分的准备，不仅可以执行日常操作，还可以应对在轨故障。制定异常响应的操作程序时，在一系列步骤中定义决策点是很有帮助的。要考虑哪些步骤可以授权运营商在没有监管机构的情况下执行，以及哪些步骤需要利益攸关方（公司/政府/客户）的指示才能执行。在确定决策点时，还要考虑选择路径所需的信息，并用客观的术语清楚地表达这些信息。此外，流程设计的模块化是很有用的，如预期的进入/退出状态和每个模块执行的预期持续时间。

对于LEO系统，如果需要人工干预来应对异常情况，则必须在一个短暂的可视期内实施，因此，规划具有明确断点（break-point）的快速而简洁的步骤至关重要。在飞行器离开视野之前，必须将其设置为安全状态，这样在下一个可视期之前，没有发生进一步损坏或造成任务失败的风险。类似地，必须考虑所有态势下即将发生的轨道事件。例如，关于对电源系统异常的响应，提高对即将发生的日蚀的警觉是很重要的，因此必须对电源系统进行适当的充电和配置。如果无法达到充分的充电状态，典型的响应是关闭非关键设备，以便在日蚀期间安全过渡。

在考虑上述所有因素的情况下，建造、发射和在轨运行一个系统，出现故障是不可避免的。在一个完美的世界中，所有的故障场景都经过深思熟虑，并制定了详细的操作程序和恰当的响应措施。然而，在现实世界中，不可预见和莫名其妙的故障总会发生。

发生故障时，异常响应预案随即实施。第一步是立即响应：通过操作员的操作或依靠自主故障程序，将飞行器设置为“安全”状态。第二步是启动一个呼叫程序，根据观测到的特征，提醒并请求管理层和系统（或子系统）专家提供帮助和支持。第三步是建立行动授权：确定谁负责响应和恢复行动，这可能是操作人员、工厂专家、系统所有者或其他人。最后一步是传达异常的影响：确定对任务的直接影响、预计中断/影响的持续时间以及需要通知的人员。

一旦飞行器处于“安全”状态（它可以无须担心地在一定程度上无限期地保持在一个已知的状态，而不用考虑第二个不相关的异常），操作员可以在系统专家到达后开始汇总有关故障的信息。有效信息包括导致异常的事件的详细时间线，故障前后飞行器上所有系统的详细状态，以及即将发生事件的时间线，例如不可视期、日蚀或会合。

11. 异常恢复和分析

异常响应团队应由熟悉整个系统详细工作的飞行器系统工程师，了解各种单元的特有硬件和软件复杂性的子系统和单元专家，以及利益攸关方或客户代表组成。虽然所有的卫星运营小组都有自己的异常响应、恢复和调查流程，但异常恢复通常是从飞行器系统工程师收集故障场景的详细信息开始，并与各子系统专家合作，在故障前后识别系统各方面的异常行为。由于太空系统的复杂性和各种各样的潜在原因，在异常发生的那一天常常不能找到一个特定的根本原因。相反，在进一步的调查展开之前，可疑单元会被隔离并保持离线状态。在备份模块可用的情况下，如果尚未由星载故障管理系统执行，则可以通过对备份单元实施受控的替换来重新建立完整的运行状态。

通常有两种主要的严重异常：关键异常和有效载荷相关异常。关键的健康和安全异常会影响通信、电源以及热或姿态控制系统。有效载荷相关异常可能会影响预期任务的执行，但不一定影响飞行器控制其子系统的能力。对于飞行器健康和安全异常，应设计并测试自主故障管理响应，以快速建立对受影响系统的安全控制。在这种情况下，异常响应团队应该将初步的工作重点放在自主指令成功地识别了故障、执行了适当的响应以及隔离了可疑单元的确认上。对于非关键但影响任务的异常，异常响应团队应该集中精力隔离故障，并研究重建任务产能的最佳路径，也许是启用备份单元，或者在备份单元不可用时使系统处于降级状态。

在异常响应和恢复过程中，应进行全面的根本原因分析。然而，在实践中确定一个单一的根本原因是几乎不可能的。更常见的情况是，图表和路径被缩小到几个“可能的根本原因”和几个“不太可能的根本原因”，其余的则被排除。由于通过有限的观测能力远程识别数百到数百万英里之遥的组件级故障所带来的挑战，许多的根本原因调查会保持开放状态，记录了可能但不确定的原因。

12. 鱼骨图

鱼骨图提供了一种清晰、简洁的方法，可以直观地跟踪具有多种潜在根本原因的调查（如图 8 所示）。鱼骨图上的“骨头”通常至少包括：

- 环境原因（例如太空天气、碎片等）；
- 设计/零件/制造原因（一直划分到故障路径中的每个零件）；
- 人/操作员原因。

随着各方面原因的审查和排除，鱼骨图上的骨头逐渐精简。深入的根本原因分析的目的是将鱼骨图缩小到可以被视为“确定的根本原因”的单个鱼骨。

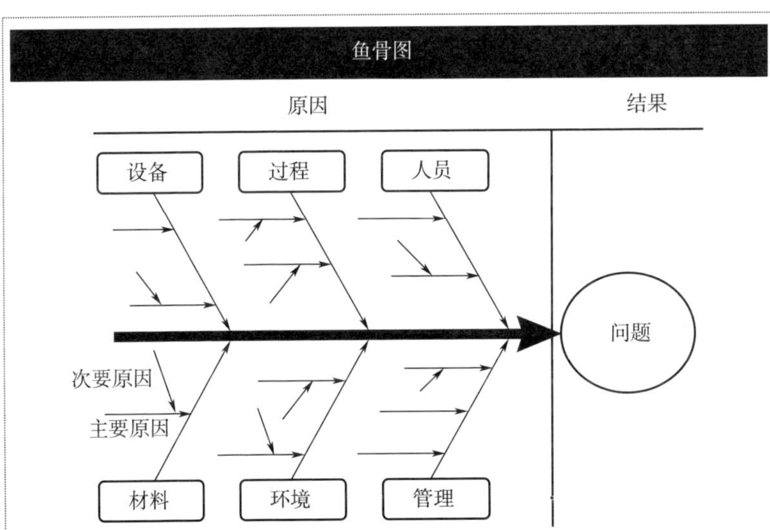

图 8　鱼骨图（资料来源：https//commons. wikimedia. org）

无论根本原因是什么，都要从异常中吸取教训，这些教训可以应用于当前任务以及星座中的其他任务，甚至整个行业。例如，由于润滑油故障导致 LEO 飞行器上的反作用轮中的轴承失效，这可以为同一供应商制造的并且在不同轨道的不同飞行器上使用的控制力矩陀螺的潜在故障提供早期警告。因此，记录、编目和维护故障信息对于任何太空计划的成功都是至关重要的，在空间运营领域分享经验教训也是如此。

最后，接受在航天器的全寿命期在轨异常终将发生是很重要的。在异常发生之前做好充分准备，并且之后吸取经验教训，可以大大减小对任务产能的影响。

（四）寿命终止

随着卫星到达寿命终点和停止运行，卫星运营商妥善地处置卫星是非常重要的。高使用率和重要的轨道区域已经拥挤不堪，很大程度上是由于寿命已终结的卫星和火箭级被遗留在这些活动区域。在太空任务的寿命结束阶段，需要履行的国家监管义务、合同义务、担保和其他责任日益增长。

1. 任务后处置

在卫星和运载火箭使用寿命结束时进行妥善的处置是非常重要的。处置不当的卫星会干扰仍在运行的卫星，并可能在常用的轨道上产生额外的碎片。为了尽量减小这种风险，机构间空间碎片协调委员会（IADC，一个政府机构间的专家论坛）为任务开发者制定了在规划航天器的妥善处置时应用的准则。此外，有 13 个国家正在参与 ISO 组织的空间系统处置标准的制定工作。

2. 运载火箭和卫星钝化

为了尽量减小卫星在任务完成后意外解体产生碎片的风险，IADC 建议，所有航天器或运载火箭轨道级的储存能量源（如剩余推进剂、电池、高压容器、自毁装置、飞轮和动量轮），当它们不再用于任务操作或任务后处置时，应当处于耗尽或安全状态。这称为钝化。

俄罗斯的质子号 DM 上面级的 40 多个空余发动机已经在轨解体，这证明了适当钝化设计的重要性。这些空余发动机于 20 世纪 80

年代投入使用，主要在滑行过程中提供三轴稳定控制，通常在 DM 级的最后一次点火时启动。这些空余发动机可能携带多达 40 kg 未使用的推进剂，这取决于任务剖面。随着时间的推移，太阳的加热作用和其他因素已经导致数十个发动机爆炸，在轨道上释放了大量碎片。俄罗斯已经进行了设计更改，以防止新型 DM 模块上的发动机意外爆炸，但一些运载火箭仍会释放碎片。

表 8 国际轨道碎片限制文件

实体	文件
机构间空间碎片协调委员会(IADC)	IADC - 02 - 01，Rev 1
国际标准化组织(ISO)	ISO 26872，ISO 16699，ISO 16164
美国	美国政府轨道碎片减缓标准实践
美国国家航空航天局(NASA)	NPR 8715. 6A，NASA - STD - 8719. 14
国防部 (DoD)	国防部空间政策指令，3100. 10，AFI 91 - 217
联邦航空局(FAA)	Title 14，Code of Federal Regulatons (CFR) Part 415. 39
日本宇宙航空研究开发机构(JAXA)	JAXA JMR - 003
法国国家空间研究中心(CNES)	MPM - 50 - 00 - 12
欧洲空间局 (ESA)	欧洲空间碎片减缓行动准则
俄罗斯联邦航天局(Roscosmos)	关于空间碎片数量减缓的空间技术项目总体要求

根据 IADC 的指南，一旦能够在不对卫星有效载荷造成不可接受的风险的情况下进行钝化处理，该处理过程应立即实施。该指南包括以下内容：

• 应通过消耗性燃烧或排气尽可能彻底地耗尽残余的推进剂和其他流体（如挤压气体），以防止因超压或化学反应造成的意外破裂。

• 电池应在结构和电气方面进行充分的设计和制造，以防止破裂。通过机械措施可以防止电池单元和组件中的压力增加，除非这些措施会导致任务保证能力的过度降低。在运行结束时，应关闭电池充电线路。

• 高压容器应降压至可以确保不会发生破裂的水平。爆裂前泄漏（leak - before - burst）设计是有益的，但不足以满足推进和增压系统的所有钝化要求。如果可以证明破裂的可能性非常低，热管可以保持加压状态。

• 自毁系统应设计成不会因意外的命令、受热或射频干扰而导致意外破坏。

• 在处置阶段应终止对飞轮和动量轮的动力供应。

• 应评估其他形式的储存能量，并采取适当的缓解措施。

• 应关闭卫星的遥测和其他形式的射频。

• 应禁用所有的通信。

3. 地球同步区域处置

地球同步区域是地球轨道的一个特殊区域，定义为赤道南北15°、35 786 km 的对地静止高度上下 200 km 的区域。随着时间的推移，在地球同步区域维持 GEO 航天器需要消耗燃料，以保持相对于地球的空间固定位置。GEO 卫星是通过操纵该航天器进一步向外太空机动、远离受保护的地球同步区域来处置的。然而，关于何时退役一颗 GEO 卫星可能是一个艰难的决策。

GEO 卫星常常面临在其他卫星子系统达到使用寿命之前燃料耗尽的问题。因此，运营商通常必须作出艰难的决定，即让一颗每年产生数千万美元收入的卫星退役，而唯一的问题是它的燃料将尽。寿命权衡变得更加困难，因为使用新型的低成本跟踪用户终端，运营商可以选择在倾斜的轨道进行运营。在倾斜轨道上，卫星可以在一定的空间区域内漂移，燃料的消耗速度大大降低，从而令其能够继续发挥作用。然而，这样做是有风险的，超出其设计寿命运行的其他卫星子系统可能会在倾斜运行期间发生故障，使卫星遗留在一条也许会污染受保护的地球同步区域的轨道上。

IADC 建议在处置阶段结束时留在一条地球同步保护区域上方的轨道上，它满足以下两个条件：

（1）近地点海拔高度的最小增量 ΔH

$$\Delta H = 235 + (1\,000 \times CR \times A/m)$$

其中，CR 是太阳辐射压力系数；A/m 是方位面积与净质量比（m^2/kg）；235 km 是 GSO 保护区域（200 km）的最大高度与航天器由于日月与地球重力势的摄动重新入轨的最大下降（35 km）之和。

（2）偏心率小于等于 0.003

为了尽量减小碎片产生的可能性，推进系统不应与 GEO 航天器分离。如果有不可避免的原因需要分离，则推进系统应设计成留在受保护的地球同步区域之外的轨道上。无论是否分离，推进系统都应进行钝化设计。此外，航天器运营商在设计任务时，应避免将运载火箭轨道级遗留在地球同步区域。大多数 GEO 运营商要求制造商设计的寿命比所要求的运营时间多 1 年，以便卫星可以移动到地球静止轨道上方，并允许漂移到深空。

4. 穿过 LEO 的处置

某些类型的发射会在穿过 LEO 的轨道上留下火箭残骸或其他碎片。将 GEO 卫星送入同步转移轨道（GTO）、将导航卫星送入中地球轨道（MEO）或者将卫星送入大椭圆闪电轨道常常发生这种情况。在可能的情况下，如果航天器或轨道级在穿过 LEO 区域的轨道上终止其运行阶段，或者有可能干扰 LEO 区域，则应令其离轨（最好是直接再入）；或在适当的情况下，机动至一条寿命较短的轨道上。回收也是一种处置方式。

根据 IADC 的规定，航天器或轨道级应留在这样一条轨道上，即利用太阳活动公认的微弱作用，大气阻力将使其完成运营后的轨道寿命限制在 25 年。如果要通过再入的方式来处置航天器或轨道级，那么到达地球表面的残存碎片不应对人员或财产构成不适当的风险。为了最大限度地减小再入残存碎片的风险，建议以能够在再入期间完全气化的方式设计卫星。如果这是不可能的，而且造成死亡的几率超过 1/10 000，则必须进行受控的再入，将残存的碎片散落到无人居住的区域，例如广阔的海洋。此外，应防止因放射性物质、有毒物质或任何其他星上物品引起的地面环境污染，或尽量减小至可以接受的水平。

在航天器或轨道级受控再入的情况下，系统的运营商应将再入的时间和弹道以及相应的地面区域信息通知相关的空中交通和海上交通管理部门。

5. 大气层再入和风险评估

航天器设计者必须考虑航天器在寿命结束时的情况。对于在 LEO 中运行的卫星，大气阻力最终很可能导致航天器重新进入地球大气层。卫星再入时会解体，但是一些碎片可能会在再入大气层的高温中残存下来，并可能撞击地面而造成人员伤亡。不幸的是，由于地球大气层的密度在不断变化，因此很难准确预测碎片的撞击位置。建议卫星运营商设计在再入过程中会完全烧毁的航天器。

如果预计碎片会在再入过程中残存下来并造成不可接受的伤亡风险，那么任务规划人员必须实施受控的再入，将碎片散落在地球表面无人居住的区域。

6. 再入

在再入过程中，当卫星以超过 29 000 km/h 的速度进入大气层时，摩擦和压缩空气会产生巨大的热量。这种巨大的热量可以熔化并蒸发整个航天器。但是，如果在再入过程中卫星部件没有达到熔化温度，则该物体会在再入过程中残存下来并撞击地面。除了热和压力之外，航天器在减速时还要承受巨大的负荷。这些负荷可以超过 $10g$，即地球表面重力加速度的 10 倍，再加上巨大的热量，导致航天器的结构解体。破碎的部件将继续减速，根据再入区域的大气密度，可能会达到一个较低的地速，几乎是从天上直落下来。破碎的航天器可能以相对较低的速度撞击地面，但仍然会对地面上的人员和财产造成危害，卫星运营者将对碎片造成的损害承担责任。

表 9　寿命结束处置措施

处置措施	亚同步 GTO	超同步 GTO	MEO 导航卫星轨道	闪电轨道
25 年衰减	较低的近地点到大约 200 km	初始近地点大约 200 km	由于需要较大的 ΔV（即速度变量），因此不推荐使用	没有研究，但降低近地点将需要最小的 ΔV
处置轨道	2 500 km 到 GEO－500 km 之间； 运载火箭上面级应在 25 年内达到 GEO－500 km	不建议	待确认： 1. 最小的长期近地点为 2 000 km，远地点低于 MEO。 2. 近地点在 MEO 上方 500 km 处或附近的运行区域，且 $e<0.03$；选择稳定的升交点赤经和近地点幅角	在 3 000 km 处设置处置轨道的初始近地点
直接再入	公海区域或其他安全区	没有研究，但类似于亚同步 GTO 的情况	由于需要较大的 ΔV，不推荐使用	公海区域或其他安全区

预测随机再入卫星的碎片将撞击的确切区域是困难的，因为物体所受的阻力与大气密度成正比，而大气密度在高空变化很大，甚至会显著地受到太阳活动的影响。在实际时间的 10％范围内预测再入的开始时间是可能的，然而，由于再入物体的速度非常快，1 分钟的时间误差相当于数百英里的范围。

根据大小、形状、重量和材料成分的不同，大约 10％到 40％的卫星质量将在再入后残存下来。这些残存下来的碎片将击中的区域称为足迹（footprint）。预测足迹的大小是可能的，但很难确定碎片足迹在地球表面的具体位置。足迹的大小是通过估计卫星或太空硬件的解体高度，然后对残存碎片进行空气动力学特性建模来确定的。足迹的长度从大约 185 km 到 2 000 km 不等，这取决于物体的复杂性和特征。足迹的宽度会受到风的影响，最轻的物体具有最大的不确定性，典型的足迹宽度是 20 km 至 40 km。

7. 再入威胁统计

虽然再入残骸对人类生命和财产造成的撞击威胁是严重的，但有意思的是，只有一个人曾声称被坠落的太空碎片击中，这个人被一个轻量物体击中但并没有受伤。在过去的 50 年中，据信有超过 5 400 t 的材料在重返大气层后残存下来，但没有碎片造成人员伤亡的报告。甚至有人计算出，一个人被再入的碎片击中的风险小于1 万亿分之一。

8. 计算再入风险

关于再入的“不可接受的安全风险”，国际上还没有法律定义。联合国空间碎片减缓准则将可接受的风险的定义留给了国家当局。IADC 规定了要遵循的两个准则。首先，为了尽量减少轨道碎片的累积，它建议卫星任务计划最后应将卫星置于一条将在 25 年内重返大气层的轨道。目前，大约 80%的火箭上面级符合这条规则，而只有 60%的卫星被设计成可以降低其轨道，以便在 25 年内重返大气层。尽管即使合规也并非完美，但大多数主要航天国家都支持这条 25 年规则，并正在采取措施来改善合规性。

除了 25 年规则之外，IADC 还建议，如果一颗卫星有万分之一的可能性在再入时造成伤亡，则其再入必须受控。对于在重返大气层中残存的碎片，碎片伤亡面积等于碎片平均横截面积加上一个站立人员的横截面积。返回事件的碎片伤亡总面积是重返大气层后所有残存碎片的碎片伤亡面积之和。总人员伤亡预计等于碎片伤亡总面积乘以该特定轨道的平均人口密度。有多种模型可以计算卫星的特定部分在重返大气层后残存的可能性，包括 NASA 的碎片评估软件或者保真度更高的物体再入残存分析工具（Object Re - entry Survival Analysis Tool）。

9. 陨灭设计

陨灭设计（design for demise）是一种卫星设计方法，其目的是确保卫星的每一个部件在再入的过程中都会被完全摧毁。通过陨灭设计，卫星运营商可以避免进行受控的再入，这可以延长任务寿命，降低开发成本，并降低地面支持成本。陨灭设计是一个确保符合万分之一的风险阈值规则的很好的方法。国际标准化组织（ISO）正在制定标准（ISO 27875：2010），可用于卫星开发的规划、设计和评审阶段，以评估、减小和控制航天器和运载火箭轨道级在再入时构成的潜在风险。

10. 再入预测

航天器的再入会受到全球空间监视系统的跟踪。美国空间监视网络（SSN）是其中最大的系统，它利用世界各地的雷达和光学传感器来跟踪太空中的物体。SSN 传感器可用于确定再入物体的轨道。这种跟踪信息连同大气密度的变化数据被用于预测大气层再入。USSTRATCOM 通过其卫星目录和公共网站 www. space－track. org 与其他国家和私人卫星运营商共享卫星跟踪信息。USSTRATCOM 每隔一段时间会发布跟踪和撞击预测信息，包括 T－4 天、T－3 天、T－2 天、T－1 天、T－12 小时、T－6 小时和 T－2 小时的数据。随着卫星逐渐接近大气层，再入预测信息必须不断更新。

即使在再入的几个小时内做出的预测，也可能会投射出一个相差数百到数千千米的碎片足迹。因此，即使预计有相当数量的碎片会在重返大气层中残存，有效地疏散碎片可能撞击的区域也是不现实的。

11. 规划受控返航

如果预计卫星的很大一部分会在再入后残存下来，并且违反了万分之一的伤亡概率阈值的规则，那么卫星设计者必须规划一个受控的再入，将所有剩余的碎片散落在无人居住的海洋地区。受控的再入需要采取卫星机动策略，避免与空间碎片或其他卫星发生碰撞。卫星的贮箱中必须留下足够的燃料，以执行最终的变轨机动。地面支持小组必须能够协调、执行和监测最终的卫星机动。

缩略语

ADR	主动碎片清除
AEB	巴西航天局
APRSAF	亚太地区空间机构论坛
APSCC	亚太卫星通信委员会
ASI	意大利航天局
BELSPO	比利时科技政策办公室
BSS	广播卫星服务
CA	会合评估
CCL	商业控制清单（美国）
CCSDS	空间数据系统咨询委员会
CD	裁军谈判会议（联合国）
CDM	会合数据消息
CFR	美国联邦法规
CNES	法国国家空间研究中心
CNSA	中国国家航天局

CONAE	阿根廷国家空间活动委员会
CONIDA	国家航空航天研究与发展中心（秘鲁）
COPUOS	和平利用外层空间委员会（联合国）
CSA	加拿大航天局
CSF	商业航天联合会
COSPAR	国际空间研究委员会
DDTC	国防贸易管制局（美国）
DLR	德国宇航中心
DoD	美国国防部
DV	速度变化量
EARSC	欧洲遥感公司协会
EDAC	错误检测与纠正
ESA	欧洲空间局
ESOA	欧洲、中东和非洲卫星运营商协会
EU	欧盟
EUMETSAT	欧洲气象卫星开发组织
FAA	联邦航空局（美国）
FCC	联邦通信委员会（美国）

FMEA	失效模式及影响分析
FSS	固定卫星服务
GEO	地球静止轨道
GEO	地球观测组织
GNSS	全球导航卫星系统
GPS	全球定位系统
GTO	地球同步转移轨道
HAC	高精度目录
HEO	高地球轨道
I&T	集成与测试
IAC	国际宇航大会
IADC	机构间空间碎片协调委员会
IAF	国际宇航联合会
IARU	国际业余无线电联盟
ICAO	国际民航组织
ICG	全球导航卫星系统国际委员会
ICJ	国际法院
IISL	国际空间法学会

IOT	物联网
ISO	国际标准化组织
ITAR	国际武器贸易条例（美国）
ITU	国际电信联盟
ITU－R	国际电信联盟无线电通信标准化部门
ITU－T	国际电信联盟电信标准化部门
JAXA	日本宇宙航空研究开发机构
JSpOC	联合太空作战中心（美国）
KazCosmos	投资和发展部—航空航天委员会（哈萨克斯坦）
LBA	联邦航空局（德国）
LEO	低地球轨道
LSC	法律小组委员会（联合国外空委）
MEO	中地球轨道
MEXT	文部科学省（日本）
MIFR	国际频率登记总表
MSIP	科学、信息与通信技术、未来规划部（韩国）
MSS	移动卫星服务
MTCR	导弹技术控制制度

NASA	美国国家航空航天局
NASB	国家科学院（白俄罗斯）
NGO	非政府组织
NOAA	美国国家海洋和大气管理局
NOTAMs	航空通告
NSAU	乌克兰国家航天局
NSC	挪威航天中心
NTIA	国家电信和信息管理局
OD	轨道确定
Ofcom	英国通信办公室
OGC	开放地理空间联盟
OOSA	外层空间事务办公室（联合国）
OST	外层空间条约
PAROS	防止外空军备竞赛
Pc	碰撞概率
PCA	常设仲裁法院
PNG	定位、导航、授时
R&D	研究与开发

RAAN	升交点赤经
REACH	化学品登记、评估、授权和限制条例（欧盟）
RF	射频
REG	登记公约
RHUs	放射性同位素加热装置
Roscosmos	俄罗斯联邦航天局
RTGs	放射性同位素热电发电机
SDA	空间数据协会
SEEs	单粒子效应
SEUs	单粒子翻转
SFCG	空间频率协调组
SIA	卫星产业协会
SLR	卫星激光测距
SME	中小企业
SSA	空间态势感知
SSN	空间监视网络（美国）
STEM	科学、技术、工程和数学
STI	科学、技术和创新

STM	太空交通管理
STSC	科学和技术小组委员会（外空委，联合国）
SUPARCO	巴基斯坦空间与高层大气研究委员会
SWPC	太空天气预报中心（美国国家海洋和大气管理局）
TBC	待确认
TBD	待定
TCBM	透明度和建立信任措施
TRL	技术成熟度
UAE	阿联酋
UAS	无人机系统
UK	英国
UKSA	英国航天局
UN	联合国
UNCITRAL	联合国国际贸易法委员会
UNESCO	联合国教科文组织
UNGA	联合国大会
UN－GGIM	联合国全球地理空间信息管理专家委员会
UN－SPIDER	联合国灾害管理和应急天基信息平台

US	美国
USGS	美国地质调查局
USML	美国军需品清单
USSR	苏联
USSTRATCOM	美国战略司令部
UTC	协调世界时
WMO	世界气象组织
WRC	世界无线电通信大会
WTSA	世界电信标准化大会